I0798843

SI COCINO YO, COCINAS TÚ

@SANTIFOODS

SI COCINO YO, COCINAS TÚ

Más de 80 recetas de siempre y de ahora, con trucos infalibles

Grijalbo

Papel certificado por el Forest Stewardship Council®

MIXTO
Papel | Apoyando la silvicultura responsable
FSC® C117695

Penguin Random House Grupo Editorial

Primera edición: octubre de 2025

© 2025, @Santifoods
© 2025, Penguin Random House Grupo Editorial, S. A. U.
Travessera de Gràcia, 47-49. 08021 Barcelona

Roca Editorial de Libros, S. L. U. es una compañía de Penguin Random House Grupo Editorial que apoya la protección de la propiedad intelectual. La propiedad intelectual estimula la creatividad, defiende la diversidad en el ámbito de las ideas y el conocimiento, promueve la libre expresión y favorece una cultura viva. Gracias por comprar una edición autorizada de este libro y por respetar las leyes de propiedad intelectual al no reproducir ni distribuir ninguna parte de esta obra por ningún medio sin permiso. Al hacerlo está respaldando a los autores y permitiendo que PRHGE continúe publicando libros para todos los lectores. Ninguna parte de este libro puede ser utilizada o reproducida con el propósito de entrenar tecnologías o sistemas de inteligencia artificial. PRHGE se reserva expresamente la reproducción, la extracción y el uso de esta obra y de cualquiera de sus elementos para fines de minería de textos y datos y el uso a medios de lectura mecánica u otros medios que resulten adecuados (art. 67.3 del Real Decreto Ley 24/2021). Diríjase a CEDRO (Centro Español de Derechos Reprográficos, http://www.cedro.org) si necesita reproducir algún fragmento de esta obra.
En caso de necesidad, contacte con: seguridadproductos@penguinrandomhouse.com

Printed in Spain – Impreso en España

ISBN: 978-84-253-7076-2
Depósito legal: B-12.203-2025

Compuesto en M. I. Maquetación, S. L.

Impreso en Gráficas 94 de Hermanos Molina, S. L.
Sant Quirze del Vallès (Barcelona)

GR 7 0 7 6 A

*A mi abuela, que me enseñó la pasión y la dedicación
en la cocina, con humildad, templanza
y mucho amor*

*A mi familia, que me ha apoyado desde el primer momento
en esta locura que hoy por hoy se ha convertido
en mi trabajo*

ÍNDICE

PRÓLOGO

Sé que normalmente los prólogos los escriben otras personas distintas al autor, pero en este caso quería hacerlo yo, teniéndote a ti, abuela, más presente que nunca. Esta carta en la que te agradezco todo el cariño que me has dado desde pequeño es para ti. Desde los ocho años aproximadamente, cuando falleció el abuelo, decidí irme a tu casa para hacerte compañía, y desde ese momento empezó todo, cuando te veía cocinar y te preguntaba por las recetas que estabas haciendo. De puntillas en la cocina para ver todo lo que hacías, supe que la cocina era algo especial. No se trataba sólo de mezclar ingredientes; era un acto de amor, de paciencia y de tradición. Me quedaba embobado viendo cómo tus manos, con la precisión de los años y el cariño de quien cocina para los suyos, convertían lo simple en extraordinario. Porque sí, un plato que rezuma sabor y amor es algo extraordinario, más aún hoy día.

Y así, por pura curiosidad y casi hipnotizado por aquellos rituales gastronómicos, fui aprendiendo de ti sin siquiera darme cuenta. Primero observando, luego ayudando, después intentando imitarte... Con el tiempo, esa misma curiosidad me llevó a explorar por mi cuenta, a buscar nuevos sabores y técnicas, pero siempre con tus enseñanzas como base, con tu sazón en mi memoria y con el recuerdo de aquellas mañanas y tardes en la cocina como mi mayor inspiración.

Así que, abuela, este libro es para ti. Porque sin esos primeros años a tu lado, sin tu paciencia y sin ese amor con el que llenabas cada plato, yo no sería el cocinero que soy hoy. Ojalá pudiera sentarme a tu mesa una vez más y compartir contigo estas páginas llenas de todo lo que me enseñaste.

Gracias por darme el mejor ingrediente de todos: el amor por la cocina y el ejemplo de amar a los demás desde el corazón.

Con todo mi cariño,

Tu nieto Santiago

INTRODUCCIÓN

Antes de nada, quiero que mires la cubierta del libro que tienes entre manos. ¿Puedes ver el delantal que llevo? Pues no es un delantal cualquiera... Me lo cosió mi madre con una tela que traje de un viaje a Burundi, en África. Cada vez que me lo pongo, siento que llevo conmigo dos de mis raíces más profundas: el amor de mi madre, que siempre ha estado presente en mi camino, y ese viaje que me abrió el corazón y la mirada al mundo. Es un delantal con historia, con alma, y por eso tenía que tener un espacio propio.

Y, como segunda confesión, te diré que jamás pensé en publicar un libro propio, y ni siquiera en conseguir lo que he logrado en estos últimos siete años, pero, antes de empezar a compartir todo lo que he aprendido, te quiero decir una cosa: que nadie ni nada te impida cumplir tus sueños, y, por supuesto, ni siquiera tú mismo; lucha, trabaja y disfruta de ellos, porque te aseguro que se consiguen.

La cocina llegó a mi vida antes de que yo supiera que sería parte de ella para siempre. Mis primeros recuerdos son de cuando yo tenía ocho años, me encontraba de pie junto a mi abuela, observándola con la fascinación de quien descubre un mundo nuevo. No eran solo los ingredientes, ni las recetas que repetía cada día; era el gesto, la dedicación, el amor que podía sentirse en cada plato. En su cocina no había prisa ni fórmulas estrictas. Solo manos que sabían lo que hacían y una intuición que había sido perfeccionada con los años. Al principio, yo solo miraba. Me llamaban la atención los aromas y la manera en que los ingredientes parecían transformarse sin esfuerzo. Luego, poco a poco, empecé a ayudar, a remover una salsa, a probar el punto exacto de sal. Sin darme cuenta, estaba aprendiendo (que, por otro lado, estoy seguro de que es la mejor forma de hacerlo). Y, aunque con los años seguí mi propio camino y me convertí en un cocinero autodidacta, fue en esa cocina donde descubrí lo esencial: que la comida es más que un conjunto de pasos y medidas, que cada plato cuenta una historia, que cocinar es un acto de cariño hacia uno, hacia los propios alimentos y hacia los demás.

Este libro es mi manera de rendir homenaje a ese descubrimiento. No es solo un recetario, aunque dentro de estas páginas encontrarás muchas de las recetas que me han acompañado a lo largo de mi vida. Es también un viaje a través de recuerdos, de sabores que marcan momentos y de platos que no solo se cocinan, sino que se sienten. Aquí conviven los guisos de mi infancia con las creaciones que surgieron con el tiempo, las técnicas que aprendí con la intuición de mi abuela y las que fui perfeccionando por mi cuenta. Más que enseñarte a cocinar, quiero invitarte a experimentar, a disfrutar y a recordar que la cocina es un espacio de creatividad y emoción. No importa si sigues las recetas al pie de la letra o si te atreves a jugar con los ingredientes; lo importante es que cada plato que prepares tenga algo de ti, que lo hagas con la misma pasión con la que yo me acerqué a la cocina por primera vez.

Este libro está escrito para quienes, como yo, ven la comida como un puente entre el pasado y el presente, entre la tradición y la experimentación, entre quienes somos y quiénes queremos ser. Ojalá cada receta te transporte a un recuerdo, a un momento compartido o a un nuevo descubrimiento. Ojalá te anime a meterte en la cocina con las manos abiertas y el corazón dispuesto.

Bienvenido a este viaje de sabores, memorias y amor por la cocina.

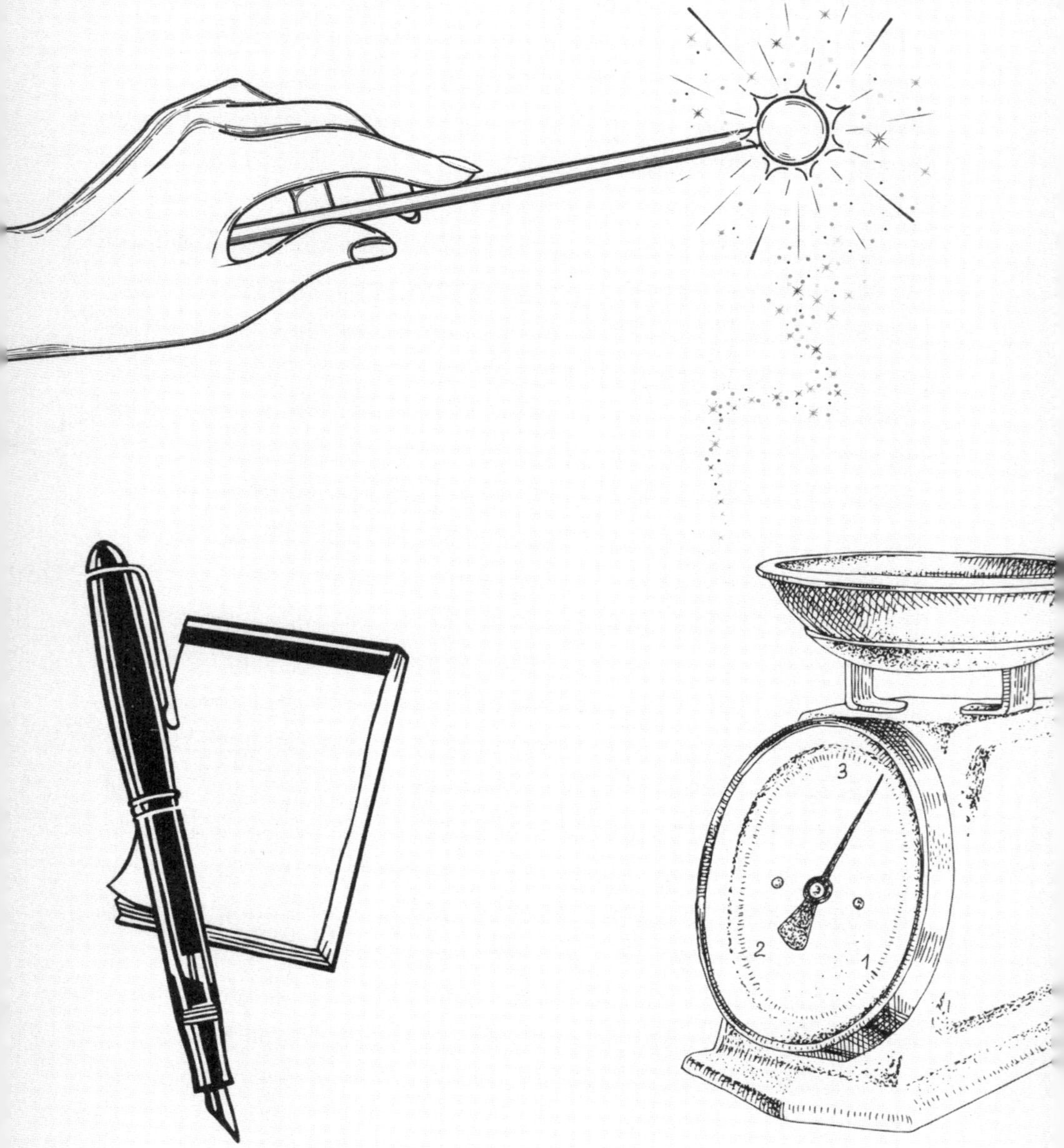
3
2
1

UNA TEORÍA MUY PRÁCTICA

CHARLEMOS DE VINOS. ARMONÍA, PALADAR Y DELEITE

El placer de saborear un vino no depende solo de su calidad o de su precio: depende, sobre todo, de servir el más adecuado a cada circunstancia, ya sea especial o cotidiana. Cuando trabajé en Gales en un restaurante de la Guía Michelin, aprendí a disfrutar del vino y también a apreciar la importancia de este en un menú.

Armonía

Jugar con sabores, colores, aromas y, por supuesto, alimentos es el principal objetivo para quienes deseen el éxito en el sutil arte de la gastronomía. Se ha de tener en cuenta que la sola presencia de un buen vino no garantiza que sea el más adecuado para complementar las circunstancias que lo rodean. El vino debe armonizar, siempre, con los platos que acompaña y ha de ser presentado y servido de forma que pueda ser apreciado con todo su valor. Todo esto consistiría en lo siguiente:

- Es preciso valorar el momento y la ocasión. Si se trata de la hora del almuerzo deben servirse vinos más ligeros e, incluso, elegir un solo vino para toda la comida: un tinto joven, un buen rosado o un blanco afrutado. Incluso, si es lo que apetece a los comensales, puede servirse solo cava durante la comida.

- Cuando en una comida se sirven varios vinos de maridaje es necesario seguir un orden, procurando, sobre todo, que los distintos vinos armonicen con los diferentes platos. En este caso, es muy importante que el primer vino sea de alta calidad.

El orden de servicio es el siguiente:

- Primero servir los vinos más jóvenes.
- Los vinos blancos afrutados siempre se sirven antes que los rosados y los tintos, para que estos armonicen.
- Los vinos secos deben preceder a los dulces.

Paladar

Después del color y el aroma, el sabor. Un vino se ha de paladear y disfrutar con las sensaciones que sus distintos aromas producen a quien lo saborea. Paladear un vino es un proceso de apreciación que va más allá de la ingesta *per se* y que invita a un análisis sensorial más profundo en cuanto a matices, textura, cualidades especiales, etc. Además, para lograrlo no basta solo con la calidad del vino, sino que también tienen mucho que ver las condiciones en que este se presenta en la mesa. Uno de los aspectos más determinantes es la temperatura a la que se sirve, ya que sus alteraciones provocan diferentes sensaciones en el paladar y pueden desvirtuarse algunos de los matices que, precisamente, hacen especial al vino en cuestión. Te cuento un poco más:

- Un vino blanco servido a menos de 6 °C no permite apreciar sus aromas, ya que por debajo de esa temperatura desaparecen.
- Los tintos jóvenes no siempre han de servirse a la misma temperatura, ya que esta varía según sea el vino y, por supuesto, la época del año. Un vino con cuerpo y añejo ha de aclimatarse a la temperatura ambiente siempre que no sea demasiado cálida.

Las temperaturas de servicio óptimas serían estas:

TIPOS DE VINOS	TEMP. MÍN.	TEMP. MÁX.
Blancos secos jóvenes	7 °C	10 °C
Blancos secos de crianza	7 °C	12 °C
Rosados	6 °C	10 °C
Tintos jóvenes ligeros	10 °C	12 °C
Tintos jóvenes de cuerpo	12 °C	14 °C
Tintos de cuerpo y reservas	16 °C	18 °C
Vinos dulces	6 °C	8 °C
Jerez y manzanilla	6 °C	7 °C
Cava y champán	6 °C	7 °C
Licores secos	5 °C	8 °C

Deleite

Con el servicio empieza una liturgia que se inicia con la presentación y el descorche de la botella de vino. Este último tiene una importancia mayor de la que se podría pensar, ya que debe evitarse que el vino pierda alguna de sus esencias al mezclarse con elementos extraños: partículas de corcho, sabor a plomo, etc. Por eso, una de las técnicas que ha vuelto a nuestro día es el lacrado, una técnica tradicional con la que se sella cada botella de vino para protegerla de factores externos como la humedad y el aire. Este proceso no solo asegura que el vino conserve su frescura y sabor, sino que también refleja el compromiso con la calidad y la exclusividad.

- La presentación debe hacerse con una ceremonia; sobre todo, si se trata de un buen vino, ya sea blanco, rosado o tinto. Además, si se trata de blancos, la recomendación es que se acompañen con una cubierta suficientemente profunda para que toda la botella tenga una temperatura homogénea.
- Los vinos tintos, sobre todo los añejos, a veces presentan sedimentos, pero ¡cuidado, no te asustes!, porque esto no significa que el vino haya perdido calidad, sino que es síntoma de riqueza en algunas cosechas.
- El descorche es otra parte importante, se ha de hacer siguiendo unas normas:

    1. Cortar la cápsula por debajo del gollete de la botella.
    2. Limpiar los labios de la botella y extraer el corcho suavemente, con ayuda de un sacacorchos que no perfore el tapón.
    3. Limpiar nuevamente con una servilleta los labios de la botella.
    4. Escanciar primero en la copa de la persona elegida para catar el vino.
    5. Escanciar el vino alegremente desde la altura para que se airee, sobre todo si es un vino joven.

Copas

La forma y el diseño de las copas no solo demuestran el buen gusto de un hogar, sino que son un exponente revelador del conocimiento de la cultura del vino. Una buena cristalería debe reunir ciertas condiciones: copas transparentes y de cristal muy fino, pie alto para no tocar el cuerpo de la copa con la mano, cuerpo alargado para el desarrollo de los aromas, boca más estrecha para disfrutar mejor de los aromas.

Veamos las tipologías principales:

A. Copa flauta: reservada para espumosos secos y cava. Es estrecha y alargada, y debe tener una boca amplia para que la nariz recoja el perfume del vino y, al mismo tiempo, las burbujas.

B. Copa no muy grande con boca medio estrecha: se utiliza para vinos blancos. La boca es ligeramente estrecha y permite observar las fragancias de los vinos delicados.
C. Copa bordelesa, grande y esbelta: dedicada a vinos tintos jóvenes o de media crianza; también para vinos picantes porque ayuda a retener la espuma.
D. Copa grande o balón: se utiliza para tintos viejos, y siempre debe llenarse máximo hasta la mitad para permitir que el vino se oxigene y así poder apreciar su aroma y sabor.
E. Copa amplia y baja: es la perfecta para los espumosos dulces y muy aromáticos. Ayuda a romper la espuma gracias a su amplitud.
F. Copa pequeña: Reservada para licores que se sirven al final de cada comida. Son esbeltas y no deben retener la espuma. No deben tener mucha capacidad, ya que los vinos de postres se sirven en pequeñas cantidades.

EL GRAN MUNDO DE LOS ADEREZOS

De ahora en adelante las páginas del libro van a proporcionarte un montón de conocimiento que harán que lleves tus platos al siguiente nivel y que, por supuesto, te darán mucha libertad, recursos y confianza en la cocina.

Empezaremos con los aderezos, pero, antes de entrar en materia, me gustaría explicarte qué es realmente un aderezo. Podríamos definirlo como una mezcla líquida o semilíquida utilizada para realzar, complementar o equilibrar el sabor y la textura de un plato. Es decir, un aderezo puede ser una vinagreta ligera, una salsa cremosa o una mezcla especiada, dependiendo de su función y origen.

Características principales

- Aporta sabor, aroma y textura.
- Puede ser líquido, cremoso o espeso.
- Se puede usar en ensaladas, carnes, pescados, verduras y más platos.
- Puede incluir ingredientes como aceites, vinagres, cítricos, lácteos, especias y hierbas.

Un buen aderezo no solo añade sabor, sino que también consigue equilibrar los ingredientes y realza el plato sin opacarlo. Para lograrlo, debe tener:

- un elemento graso: aceite, yogur, mayonesa, aguacate.
- un toque ácido: limón, vinagre, mostaza, yogur, encurtidos.
- un toque de sal o umami: sal, salsa de soja, queso, anchoas.
- aromáticos y especias: ajo, hierbas, miel o especias en general.

Cuando logras este balance, un plato simple como puede ser una ensalada o un *bowl* cambia y se convierte en algo inolvidable para nuestro paladar. Por eso es tan importante saber preparar un aderezo, porque aportará al plato creatividad y potenciará el sabor del plato.

Tipos de aderezos y cómo usarlos

Las vinagretas en general son un comodín estupendo, y estas en concreto valen oro.

- **Vinagretas clásicas (base de aceite y vinagre)**
  Son ligeras y versátiles, perfectas para ensaladas, verduras asadas o pescados. La fórmula básica es 3 partes de aceite + 1 parte de vinagre + sal + especias. Te dejo unos ejemplos:

  Vinagreta francesa: aceite de oliva + vinagre de vino + mostaza + miel + ajo.

  Vinagreta balsámica: aceite de oliva + vinagre balsámico + albahaca + tomates secos hidratados.

  Mi vinagreta: aceite de oliva virgen extra + vinagre balsámico + miel + mostaza + sal + yogur natural o kéfir.

TRUCO: para que la vinagreta quede bien emulsionada y no se separe, bátela con unas varillas o usa un frasco y agítalo fuerte.

- **Aderezos cremosos (base de lácteos o mayonesa)**

Son más densos y untuosos, por lo que combinan ideal con sándwiches, dips o carnes. Ejemplos:

Ranchera: mayonesa + yogur + ajo + cebollino + eneldo + limón.

Tzatziki: yogur griego + pepino rallado + ajo picado + aceite de oliva + zumo de limón.

César: mayonesa + anchoas + parmesano + limón + mostaza.

Alioli casero: ajo asado + aceite de oliva + yema de huevo + limón.

TRUCO: si quieres hacer un aderezo cremoso más ligero, usa yogur en lugar de mayonesa.

- **Aderezos frescos con hierbas y especias**
  Son perfectos para carnes, pastas y vegetales, y están cargados de matices para el gusto y el olfato. Te dejo unas combinaciones sencillas y eficaces:

Chimichurri: Perejil + ajo + orégano + vinagre + aceite de oliva virgen extra.

Salsa verde: cilantro + jalapeño + limón + aceite de oliva virgen extra.

Pesto: albahaca + piñones o anacardos + ajo + parmesano + aceite de oliva virgen extra.

TRUCO: para que las hierbas mantengan su color, hay que agregarles unas gotas de limón o escaldarlas 10 segundos en agua caliente antes de licuar.

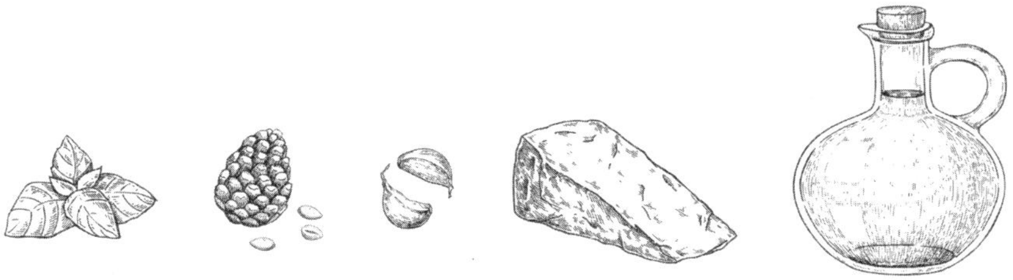

- **Aderezos del mundo**

  Si quieres dar un giro internacional a tus platos, prueba estas combinaciones:

  Ponzu: salsa de soja + limón + mirin (ideal para pescados y ensaladas asiáticas).

  Adobo: chile seco + ajo + vinagre + especias (perfecto para carnes).

  Raita: yogur + comino + menta + pepino (acompaña curris y platos especiados).

Consejos finales para aderezos perfectos

- Prueba y ajusta: un buen aderezo necesita balance. Si está muy ácido, añade más grasa. Si está muy plano, ponle más sal o especias.

- Hazlo casero: los aderezos industriales tienen conservantes y azúcares ocultos. Hechos en casa saben mejor y son más saludables.
- Guárdalos bien: usa frascos herméticos y mantenlos en la nevera.
- Dato: las vinagretas duran 1 semana; los aderezos cremosos, unos 4-5 días refrigerados.

EL MUNDO DE LAS SOBRAS EN CASA

Soy consciente de que puede sonar poco sexi, pero saber crear unos buenos platos con las sobras que generamos cuando cocinamos otras recetas es algo maravilloso; todo un ejemplo de sostenibilidad, creatividad y buen hacer a los fuegos. Es más, convéncete de que con las sobras también puedes cocinar grandes platos.

Estas recetas vas a ver que son supersencillas, pero no por ello son menos importantes ni interesantes.

- **Bolas de arroz con queso:** arroz sobrante, huevo batido, queso mozzarella en cubos, le damos forma, empanamos y freímos.
- **Bolas de pollo:** desmenuzamos el pollo, añadimos queso mozzarella y queso crema, empanamos con huevo y pan rallado, freímos y listo.
- **Pastel de carne:** con la carne sobrante de un guiso, pochamos cebolla junto con ajo, añadimos la carne desmenuzada y tomate frito, colocamos en una fuente apta para horno y cubrimos de puré de patatas, metemos al horno y gratinamos.
- **Sopa de ajo y pan:** con el pan duro, doramos unos ajos laminados, añadimos jamón picado y pimentón de la Vera, y rehogamos todo. Finalmente añadimos agua caliente, sal y dejamos hervir hasta que coja sabor y color; servimos con huevo.
- **Pasta gratinada:** utilizamos pasta sobrante del día anterior, preparamos una bechamel sencilla y líquida con leche, harina,

mantequilla o aceite de oliva virgen extra, nuez moscada; añadimos la pasta y gratinamos con queso al grill.

- **Tomates rellenos de arroz o pasta con salmón al horno:** arroz o pasta sobrante, huevo batido, nata, beicon o salmón ahumado y tomates redondos vacíos; los rellenamos de estos ingredientes previamente mezclados, horneamos y ¡listo!
- **Cocido exprés:** garbanzos de bote, carne de un cocido anterior, arroz en vasito o congelado, jamón picado y caldo de cocido de tetrabrik; lo cocemos todo junto 15 minutos y listo.
- **Budín de pollo o pescado:** sobras de pescado o pollo, nata líquida, huevos, pimienta negra, sal, tomate frito; mezclamos todo y colocamos en un molde antiadherente y al baño maría.
- **Buñuelos de sobras:** pan rallado, huevo batido, pimienta, sobras (pollo, verduras, queso, jamón), mezclamos todo y freímos.
- **Croquetas de serranito:** sobras de una barbacoa, lo picamos todo junto con jamón y pimiento verde frito, pochamos cebolla, añadimos la carne y harina de trigo, añadimos leche, nuez moscada y sal, y dejamos que vaya cogiendo textura. Reposamos en el frigorífico, boleamos, empanamos y freímos.
- **Tortilla guisada de mi abuela:** sobras de tortilla de patatas, pochamos cebolla y ajo, añadimos vino blanco, pimentón y harina de trigo, integramos y agregamos caldo de verduras, dejamos reducir y añadimos la tortilla de patatas entera o el trozo que te haya sobrado.

¡Los desperdicios no existen, aprovéchalos!

En línea con las recetas previas, quiero compartirte otros trucos variados, con la ventaja de que son sencillos y muy útiles. Toma nota:

- ¡No tires los posos de café! Pueden servirte para desatascar las tuberías de tu cocina.
- Si te sobra piel de verdura o verdura, nada de echarla a la basura. Pásala por la batidora y llévala a congelar en cubitos. Le encontrarás la utilidad para darle más sabor a un guiso o hacerte una sopa natural.
- ¿Te ha quedado algo de pan y se ha puesto duro? Te doy algunas ideas para aprovecharlo:
  - migas con ajo, chorizo y uvas
  - pan rallado casero con hierbas secas
  - tostadas francesas o torrijas dulces
  - sopa de ajo o pan con tomate gratinado
- Probablemente seas de los que tiran los tallos y hojas de las verduras. Nunca más; son perfectos para:
  - pesto con tallos de brócoli o de acelga
  - sopa o crema verde con hojas de zanahoria, remolacha o coliflor
  - salteado crujiente de tallos de acelga con ajo y limón
- Ídem con las cáscaras y las pieles. Mira todo lo que puedes hacer con ellas:
  - chips de piel de patata o zanahoria, al horno con especias
  - caldo de verduras con peladuras y restos
  - mermelada de cáscara de cítricos o manzana
- Las sobras de carnes que hayas preparado son ideales para hacer:
  - croquetas de pollo, cocido o asado
  - empanadas con carne picada sobrante
  - tacos o arroz salteado con carnes de días anteriores
- En el caso de los quesos secos o restos, atento a las posibilidades:
  - gratín de pasta o verduras, usando varios restos

- salsas como cuatro quesos o una bechamel con lo que tengas
- crackers de queso horneados

- ¿No calculaste bien la cantidad de arroz o de pasta y has cocido de más? Te doy algunas ideas de aprovechamiento:
  - arancini (bolitas de arroz rellenas y fritas)
  - tortilla de espaguetis (muy popular en Italia)
  - ensaladas frías reinventadas
- Otro clásico, que se te pase la fruta y madure bastante. Puedes hacer:
  - compotas, smoothies o helados caseros
  - bizcochos o muffins con plátano, pera o manzana pasada
  - chutney para acompañar carnes o quesos

TRUCOS QUE TE SALVARÁN LA VIDA

He querido reunir un listado generoso de trucos que van a proporcionarte muchos recursos creativos y seguridad en la cocina. Recurre a ellos tantas veces como lo necesites, aplícalos y ¡a seguir disfrutando del noble arte de cocinar!

Tres trucos para trabajar con mantequilla

Quiero compartirte tres sencillos trucos que optimizarán aún más tus untables de mantequilla. De hecho, puedes aplicarlos a la receta de mantequilla casera que tienes en la página 79.

1. Para trabajar con mantequilla es aconsejable sacarla de la nevera 15 minutos antes de utilizarla para que no esté dura y sea más maleable. Especialmente para las recetas en las que sea necesario el punto pomada, es decir, una textura cremosa.
2. En la nevera debemos procurar no colocar la mantequilla cerca de los alimentos de olor fuerte, como pueden ser los alimentos sazonados o marinados, y menos aún si llevan ajo, ya que la mantequilla absorbe los olores y, una vez absorbidos, ya no los pierde.
3. La mantequilla en el frigorífico se conserva durante poco tiempo, unos 4-5 días, porque se enrancia (es decir, porque

se estropea su sabor). Una solución es congelarla. De este modo, aguanta hasta tres meses si se trata de mantequilla salada y hasta seis meses en el caso de la mantequilla natural.

TRUCO: para congelarla puedes dejarla en su envoltura o cubrirla con papel de aluminio, y para descongelarla dejarla al aire libre en un lugar fresco.

Consejos para acertar con los ahumados

A continuación, te comparto las recomendaciones que te harán acertar sí o sí con los ahumados.

1. Observa bien las etiquetas. Deben mencionar claramente el precio del producto por kilogramo, el peso neto del contenido y el precio de la unidad (ya sea envasado o un salmón entero...), así como la fecha límite de caducidad y el origen.
2. Recuerda que los envases de cantidades pequeñas, por ejemplo entre 85 y 125 g, suelen salir proporcionalmente mucho más caros que el resto.
3. Identifica en la etiqueta los ingredientes. Lo ideal es que tenga solo pescado/carne, sal y humo natural. Si ves muchos más aditivos que esos, pueden ser conservantes innecesarios.
4. La mención «pesca con caña» o «ahumado natural» es un indicativo de que la compra será un éxito, porque se refiere a que su calidad es alta.
5. Paga una relación calidad/precio justa sabiendo que es más barato el salmón de origen americano y siempre más caro el de origen nórdico (noruego u escocés); además debemos fijarnos si es salvaje o de piscifactoría.

6. Evita el exceso de sal o azúcar. Algunos productos vienen muy salados o con azúcar añadido, lo que suele conllevar un intento por disimular el sabor artificial.
7. Revisa la textura y el color siguiendo estos marcadores:
    - salmón: debe tener un color uniforme (sin manchas marrones o grises) y una textura firme pero no seca. Si es demasiado blando y húmedo puede haber sido inyectado con salmuera
    - bacalao o trucha: firmeza adecuada, sin grietas ni aspecto deshidratado.
8. Carnes ahumadas: evita cortes con zonas secas o demasiado grasosas.
9. El envasado importa. Elige los productos que estén envasados al vacío y revisa que no tengan líquido o algo de aire dentro, ya que puede ser señal de deterioro o de una conservación no óptima.
10. Los pepinillos, las alcaparras y la salsa tártara son ideales para acompañar los ahumados.
11. En cuanto a maridaje, la combinación perfecta sería acompañar los ahumados con vermut, cava o un vino blanco seco y muy fresco.

¿Cómo descongelar pan o cruasanes y evitar la humedad?

En todas las casas alguna vez se ha descongelado el pan en el microondas, y el resultado ha sido un pan blando y desagradable. Pues bien, aquí tienes varios trucos para que quede increíble cuando tienes prisa y necesitas descongelarlo en perfecto estado.

1. La forma más fácil es congelar el pan cortado en rebanadas. Con sacarlo minutos antes ya estaría listo, incluso metiéndolo en la tostadora directamente.
2. Envolver la pieza en papel absorbente o papel de cocina y meterlo en el microondas a máxima potencia no más de 20 minutos por cada 50 g de pan. Retirarlo del microondas y dejarlo reposar 1 minuto sin desenvolver hasta que el pan recobre la temperatura ambiente.
3. Por último, basta con desenvolverlo y utilizar. Este truco sirve no solo para pan, sino para cruasanes, canapés u otros bollos.

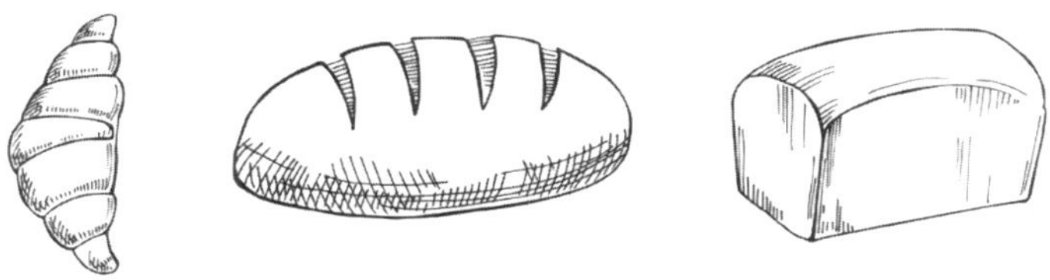

El modo de ligar las salsas correctamente

Te voy a dar una serie de recomendaciones o trucos que harán que tus salsas queden perfectamente ligadas y homogéneas.

1. Usa un líquido caliente y agrégalo poco a poco.
   Si mezclas un caldo, leche o crema con una base de harina o yema de huevo, hazlo siempre caliente y en pequeñas cantidades para evitar grumos o cortes.
2. Mantequilla fría al final.
   Si quieres una salsa sedosa y brillante, agrega cubos de mantequilla fría al final, batiendo con una varilla o moviendo la sartén en círculos. Esto crea una emulsión natural.

3. Espesantes naturales.
   Si la salsa está muy líquida, puedes espesar con:
   - Harina: disuelve una cucharadita en un poco de agua fría antes de añadirla.
   - Maizena: mezcla una cucharadita con agua fría y agrégala sin dejar de remover.
   - Puré de verduras: la patata, zanahoria o calabaza licuadas ayudan a espesar salsas sin alterar mucho el sabor.
4. Controla la temperatura.
   Las salsas con huevo o crema (como una holandesa o carbonara) deben cocinarse a fuego muy bajo y sin hervir para evitar que el huevo se cuaje y la salsa se corte.
5. Remueve constantemente.
   No te distraigas: una salsa necesita atención. Remueve siempre con una varilla o cuchara de madera para evitar que se pegue o forme grumos.

Cómo arreglar una salsa si se te corta. ¡Sálvala!

Si te ha pasado alguna vez que la salsa se te corta, prueba con estos trucos:

- Si se trata de salsas con mantequilla o huevo: agrega unas gotas de agua fría y bate con energía.
- Para salsas con lácteos: añade un poco de fécula de patata disuelta en agua o una pizca de bicarbonato.
- Si estamos cocinando salsas con grasa separada: incorpora un chorrito de agua caliente y bate bien para reemulsionar.

Aguacate maduro en minutos

Si en algún momento has comprado aguacates duros, pensando en comerlos pasados varios días, pero finalmente necesitas uno antes y quieres madurarlo rápido, te digo cómo hacerlo: envuélvelo en papel de aluminio y mételo al horno a 90 °C durante 10 minutos. Listo.

Empanados y frituras perfectos

Aunque cada vez están desapareciendo más los fritos y los empanados, te dejo por aquí unos trucos básicos que deberíamos conocer todos:

1. Sigue siempre el orden correcto.
   Para que el empanado no se despegue, sigue este orden de rebozado:
   - Harina: se adhiere mejor a la superficie del alimento.
   - Huevo batido: hace que el empanado se fije bien.
   - Pan rallado o panko: da el acabado crujiente.

TRUCO EXTRA: para un empanado extragrueso, repite el paso del huevo y el pan rallado.

1. Usa pan rallado grueso o panko.
   El panko japonés aporta un acabado extracrujiente porque es más aireado que el pan rallado común.
2. Deja reposar antes de freír.
   Después de empanar, deja reposar los alimentos 15 minutos en la nevera, o, si tienes prisa, mételos en el congelador 8 minutos. Esto hace que el rebozado se adhiera mejor y no se despegue al freír.
3. Al freír NO muevas el alimento al principio.
   Cuando pongas algo empanado en el aceite caliente, no lo toques durante los primeros segundos. Si lo mueves demasiado pronto, el empanado puede despegarse.

TRUCO EXTRA: para conseguir un resultado aún más crujiente, añade un poco de maizena (fécula de maíz) al pan rallado o incluso al huevo batido. Esto hace que el empanado quede extracrujiente y ligero.

Verduras con buen color

Seguramente alguna vez, durante el proceso de cocinado, te has preguntado por qué las verduras han perdido su color original. Te voy a compartir el truco para mantener el color tras la cocción. Se trata simplemente de cocerlas con una cucharada de bicarbonato. ¿Y por qué bicarbonato? Porque le cierra los poros a la verdura y evita así la pérdida del color natural.

También debes saber que si la cocemos demasiado perderá más color que si la cocemos poco y además perderá tersura, vitaminas, ¡de todo, vaya! Y otro detalle que no se te escape: la tapa siempre debe estar cerrada para evitar oxidarla.

Según la verdura y la receta que hagamos, te cuento un truco: escáldalo. Con ello conseguirás:

- Pelar fácilmente tomates o almendras.
- Fijar el color en verduras verdes como espinacas o judías.
- Ablandar ligeramente algunos vegetales antes de saltearlos o congelarlos.
- Eliminar impurezas o sabores fuertes, como en huesos o en callos.

Pasos básicos:

1. Hervir agua en una olla grande.
2. Preparar un bol con agua y hielo al lado.
3. Sumergir el alimento en el agua hirviendo durante unos segundos o minutos (según el producto).
4. Pasarlo inmediatamente al agua helada para detener la cocción.

Evita que se te pegue la verdura en el cuchillo

Toma nota: cuando vayas a cortar ajo o cebolla, espolvorea antes un poco de sal en la hoja del cuchillo para evitar que los pedazos se peguen.

A grandes males, grandes remedios

«Un corcho salvador». Si te sueles despistar, seguro que se te ha quemado alguna vez un guiso. Y, como consecuencia, se ha quemado también el fondo de la olla donde estabas cocinando, y además todo el guiso ha cogido sabor a quemado. Te doy una solución práctica para quitar este sabor y conseguir un resultado perfecto. Mi abuela metía tres corchos (de vino o tarro) a la olla y los dejaba con el guiso a fuego muy lento, muy muy lento, casi apagado. Ya veréis como os vais a acordar de mí y de mi abuela cuando veáis el resultado. Yo no digo que quite todo el sabor a quemado, ¡pero casi!

Hielo para la carne dorada perfecta

La próxima vez que vayas a cocinar carne roja en la sartén con su propia grasa, agrega un cubito de hielo. Creará vapor y mantendrá la carne jugosa sin perder su toque dorado.

Eliminar la grasa y malos olores de los *tupperware*

Un truco infalible que aprendí en mi erasmus es que para quitar la grasa de los *tuppers* lo mejor es usar papel de cocina y jabón. Es decir:

1. Añade unas gotas de jabón para platos dentro del *tupper*.
2. Agrega un poco de agua caliente.
3. Coloca un trozo de papel de cocina dentro.
4. Cierra el *tupper* y agítalo enérgicamente durante unos segundos.
5. Luego, enjuaga con agua caliente.
6. El papel absorberá la grasa y el *tupper* quedará limpio sin necesidad de frotar demasiado.

Si te pasas de sal: patata

Una manera de arreglar un guiso o un plato en el que te hayas pasado de sal es echarle unas rebanadas gruesas de patata cruda y dejarlo cocer unos 15 minutos. La patata absorbe la sal y deja en su punto el guiso, puedes dejarla o retirarla. También puedes probar echando una cucharadita de azúcar. Pero ¡ojo, sin pasarse!

El uso de condimentos y especias

Antes de comprar o de usar especias y condimentos, deberías conocer estos principios:

- Son capaces de transforman un plato básico en algo espectacular: los condimentos y especias no solo aportan sabor, sino que también realzan los ingredientes principales. Además, esto hace que disminuyamos el uso de la sal.
- Son la identidad de la cocina del mundo: cada cultura y país tiene una combinación de especias que lo define:
  - India: curri, cúrcuma, cardamomo
  - México: chile en polvo, orégano, achiote
  - Marruecos: ras el hanout, canela, jengibre
  - Italia: orégano, albahaca, ajo
  - España: pimentón, pimienta, clavo, azafrán.
- Construyen capas de sabor: no se trata solo de agregar especias al final. Para lograr profundidad en el sabor:
  - Marina con especias antes de cocinar.
  - Cocina algunas especias en aceite o mantequilla para liberar sus aromas.
  - Usa diferentes especias en cada etapa del plato (al inicio, en la cocción y al final para un toque fresco).

- No es solamente sabor, también es equilibrio.

- Las especias no son solo picante o dulzor, también aportan frescura, amargor, umami o notas cítricas. La clave es encontrar el balance:
  - chile o pimienta negra → dan calor
  - cítricos o jengibre → contrarrestan la grasa y aportan frescura
  - canela o nuez moscada → suavizan sabores intensos
  - sal y azúcar → potencian sabores
- Aportan beneficios a la salud: Muchas especias tienen propiedades medicinales:
  - cúrcuma → antiinflamatoria
  - ajo → bueno para el corazón y el sistema circulatorio
  - orégano y tomillo → antibacterianos naturales
  - jengibre → digestivo
- Permiten jugar con la presentación y potenciarla: un plato con una pizca de pimentón rojo, semillas de sésamo o cilantro fresco es más atractivo visualmente que uno que carezca de cualquier especia, y además da una pista del sabor que tendrá.

TRUCO EXTRA: usa especias frescas y de calidad. No es lo mismo una canela o una nuez moscada recién ralladas o molidas que una olvidada en la despensa desde hace muchos meses (o lo que es peor, pero que resulta relativamente común, desde hace años).

Pasta más cremosa sin nata

Mis amigos italianos me enseñaron este truco que cambió mis platos de pasta. Reserva un poco del agua de cocción y agrégala a la salsa. El almidón la volverá más espesa y cremosa.

Almejas sin arena

Un problema muy común que ocurre al cocinar almejas es que no se han limpiado bien y al comerlas la boca hace el típico sonido de «¡crunch!» porque los dientes se topan con algún que otro grano de arena. Resulta muy molesto, en eso todos estamos de acuerdo, pero es un inconveniente que tiene una solución muy fácil.

La manera correcta de hacerlo es la siguiente: las almejas deben dejarse varias horas en remojo cubiertas con agua de mar o con agua normal, pero con sal marina abundante. Si lo haces así soltarán toda la arenilla, no habrá molestas interrupciones y además estarán riquísimas.

¿Sabías que la cáscara de huevo sirve como imán?

Un último truco. Si se te cae un pedacito de cáscara dentro del huevo batido o la preparación que estés haciendo, usa un trozo más grande de cáscara para recogerlo. Te sorprenderá lo fácil que resulta sacarlo, y es que los dos trozos se atraerán entre sí como si de un imán se tratara.

Prepara una minuta para tus cenas en casa

Si un día quieres preparar un menú y hacer que la ocasión sea especial, compartir de una forma bonita los pases de los que va a constar es algo que suele llamar la atención y que da a la experiencia un plus. Te cuento cómo hacerlo.

1. Define el formato
   - Puedes hacer un menú impreso en tarjetas individuales, escrito en una pizarra o incluso en una hoja doblada con un diseño elegante.
   - Usa una tipografía clara y un diseño acorde con la ocasión.
2. Estructura del menú
   - Entrante: algo ligero para abrir el apetito.
   - Plato principal: puede ser carne, pescado o una opción vegetariana.
   - Guarnición: complemento del plato principal.
   - Postre: cierre con un toque dulce.
   - Bebidas: maridaje recomendado o lista de opciones. Para esto, revisa el capítulo en el que hablo del tema.
3. Usa nombres atractivos
   En lugar de «Pasta con salsa de tomate», prueba con «Tagliatelle caseros con tomate confitado y albahaca fresca».
4. Destaca ingredientes especiales
   Si usas productos de temporada o de origen local, menciónalos. Te voy a dar un ejemplo: «Cordero asado con hierbas mediterráneas y patatas de la huerta».
5. Asegúrate de que sea legible
   No satures con demasiado texto. Usa un diseño limpio con suficiente espacio entre cada elemento. Resultará más atractivo.
6. Personalización
   - Si hay invitados con restricciones alimentarias, añade opciones alternativas.
   - Para eventos especiales, puedes incluir el nombre del anfitrión o la fecha del evento.
7. Si optas por imprimir las minutas, conviene que la impresión tenga una buena calidad. Y si el papel cuenta con buena textura y calidad, incluso papel reciclado para un toque rústico, querrán llevársela de recuerdo.

Equivalencia de pesos y medidas sin tara

Seguramente te has encontrado en la situación de no tener una tara o peso en casa y has pensado: «¡Ojalá tener algo para medir las cantidades!». Pues bien, aquí te dejo la solución para esos momentos de apuro; te aseguro que con esto clavarás todas las medidas.

Líquidos (aproximado)

- 1 cda. sopera = 15 ml
- 1 cdta. = 5 ml
- 1 taza = 240 ml
- ½ taza = 120 ml
- ¼ taza = 60 ml

Harinas y azúcares

- 1 taza de harina = 120 g
- 1 taza de azúcar = 200 g
- 1 taza de azúcar glas = 120 g
- 1 cda. de harina = 10 g
- 1 cda. de azúcar = 15 g

Mantequilla y grasas

- 1 cda. de mantequilla = 14 g
- 1 taza de mantequilla = 225 g

Lácteos

- 1 taza de leche = 240 ml
- 1 taza de yogur = 250 g
- 1 cda. de queso crema = 15 g

Otros básicos

- 1 huevo M = 50-60 g
- 1 cda. de miel = 21 g
- 1 cda. de sal = 18 g
- 1 cda. de levadura seca = 9 g

CONSEJOS PARA TENERLO TODO A PUNTO Y PREPARAR UNA CENA O MESA ESPECIALES

Los segundos platos (o principales) son el corazón de una comida. No solo alimentan, marcan el ritmo, reúnen a la familia en la mesa y dejan huella en la memoria. En esta sección, cada receta es mucho más que una combinación de ingredientes; es un recuerdo, un lugar, una conversación o una persona que la vuelve especial.

Aquí encontrarás platos que he cocinado en celebraciones, recetas llenas de historia, y cada una tiene algo que contar, desde lo que pasaba en la cocina mientras se preparaban hasta lo que sucedió cuando llegaron a la mesa.

Cocinar estos platos no es solo seguir instrucciones; es revivir una emoción, compartir una anécdota y, tal vez, crear un nuevo recuerdo.

Consejos para tenerlo todo a punto y preparar una cena o mesa especiales

Antes de entrar con los platos principales, he pensado y creado este apartado para que, cuando organices una comida especial en casa, no tengas que comerte la cabeza y que sepas, desde ya, cómo preparar todo con cariño y tiempo. Convertirás el encuentro en mucho más que algo gastronómico: será toda una experiencia para los sentidos.

Mantelería

Escoge el mantel varios días antes y repasa que esté perfectamente limpio y bien planchado.

Cuenta las servilletas y comprueba que todas estén dobladas igual.

Es aconsejable poner siempre debajo del mantel un cubremantel (mantel de plástico) para proteger la mesa y, a la vez, darle forma al propio mantel.

Puedes preparar centros para decorar (con hojas, piñas, velas, ramas y flores naturales); de esta forma ahorras y sacas a la luz tu vena sostenible y tu creatividad.

Sillas

Calcula cuántos vais a ser y cuenta las sillas de que dispones en casa para evitar el caos de tener que pedir a algún vecino en el último momento.

Intenta que sean todas iguales o, al menos, parecidas.

Cristalería

Revisa la cristalería unos días antes y cuenta las piezas: copas de vino, vasos de agua, etc.

Para lavarla a mano, usa agua caliente y jabón, pero te recomiendo mejor el lavavajillas, que sale impecable.

Una vez limpia, guárdala de tal manera que cuando vayas a colocarla en la mesa solo tengas que repasarla con un trapo blanco limpio (mejor de hilo y que no sea nuevo, lo nuevo deja pelusa).

Mesa auxiliar

Puedes usar el carrito típico de madera si lo tienes en casa, o una mesa baja que llegue a la altura de las rodillas una vez sentado.

Coloca encima lo que vayas a necesitar durante la comida. Por ejemplo: sacacorchos, trapo limpio, botellas de vino, servilletas, cubiertos de servir, cubiertos de reserva, saleros/aderezos y salsas extras.

Cubiertos

Revisa que el juego esté completo y limpio, y decide si elegirás cubertería de plata o acero.

Una vez contados y limpios, guarda los cubiertos bien tapados y envueltos en una tela o, como hacía mi abuela, en papel de seda para que no se rayen.

Para limpiar los cubiertos de plata existen muchos productos especiales hoy en día, pero puedes seguir este consejo: límpialos con agua y jabón o amoniaco, luego sécalos bien con un paño suave.

Si has elegido cubiertos de acero, ponlos en agua caliente con jabón y vinagre de limpieza, así varias veces. Sepáralos y frótalos bien para sacarles brillo con un trapo de algodón.

Vajilla

Revísala con antelación y comprueba que están todas las piezas.

Ten bien pensado el menú que vas a servir para prever las fuentes, salseras y ensaladeras que necesitarás.

Antiguamente mi abuela ponía lavados (lo que hoy son nuestras toallitas); se trataba de boles con agua y limones donde podías meter los dedos y lavarlos.

El café

Recuerda prever: bandeja, platos, tazas, cucharas, jarrita de leche, azucarero (consejo: prepara varios tipos de edulcorantes, azúcares y mieles).

Puedes elegir varios tipos de cafés y también distintas formas de hacerlo; lo más aconsejable es tenerlo preparado y luego calentarlo.

Si deseas hacerlo en el momento, deja la cafetera ya preparada con el agua y el café; ahorrarás tiempo.

Puedes hacerlo estilo cafetera italiana o café de puchero típico del norte de España, pero si tienes cafetera exprés en casa no dudes en usarla.

Los licores

Ahora está muy de moda tomar chupitos para acabar y, como suele decirse, ayudar a hacer la digestión. Mi recomendación es meter los vasos de chupito en el congelador horas antes.

Los chupitos más típicos son el orujo, el vodka, el carajillo o el pacharán, pero, si quieres elevar un punto la comida o la cena, te enseño dos chupitos que siempre triunfan en mi catering.

Se trata del chupito de margarita de lima y el chupito de margarita de mango; ambos se preparan igual, pero cambiando la fruta:

- 50 ml de tequila
- 25 ml de triple seco
- 25 ml de zumo de lima o de mango
- tajín para decorar los vasos
- sal
- hielo

Elaboración

1. En una batidora mezclamos todos los ingredientes menos el tajín y la sal hasta conseguir una textura granizada. En el caso de hacer el de mango sería igual, pero añadiendo la pulpa de la fruta.
2. Presentamos los chupitos decorados. Para ello, en un plato mojamos la corona de los vasos en zumo de lima y luego la pasamos por sal y tajín.
3. Añadimos la granizada y servimos.

Vinos y cavas

Sirve siempre antes los vinos blancos que los tintos. Asimismo, debes servir antes los tintos jóvenes que los de añada. Los vinos blancos y el cava deben estar fríos pero no helados. Recuerda colocarlos en el frigorífico al menos dos horas antes de servirlos. Si usas un cubo con agua y hielo, en 20 minutos estarán fríos para servir.

La tranquilidad: el arte de confiar en cada detalle

Después de planificar cada paso, elegir los ingredientes, coordinar los tiempos y preparar la mesa con intención y atención, llega el momento más importante: la tranquilidad. La tranquilidad de saber que cada elección ha sido pensada, que los sabores armonizan y que la mesa invita a disfrutar. Que todo lo que estaba en nuestras manos se ha hecho con dedicación. Ahora es momento de soltar, de confiar en el proceso y en que la experiencia fluirá por sí sola.

Cocinar, servir y compartir no trata meramente de técnica, sino también de presencia. Y la presencia (o el también llamado ahora *mindful eating*) solo llega cuando hay tranquilidad.

Y, ahora sí, vamos con las recetas.

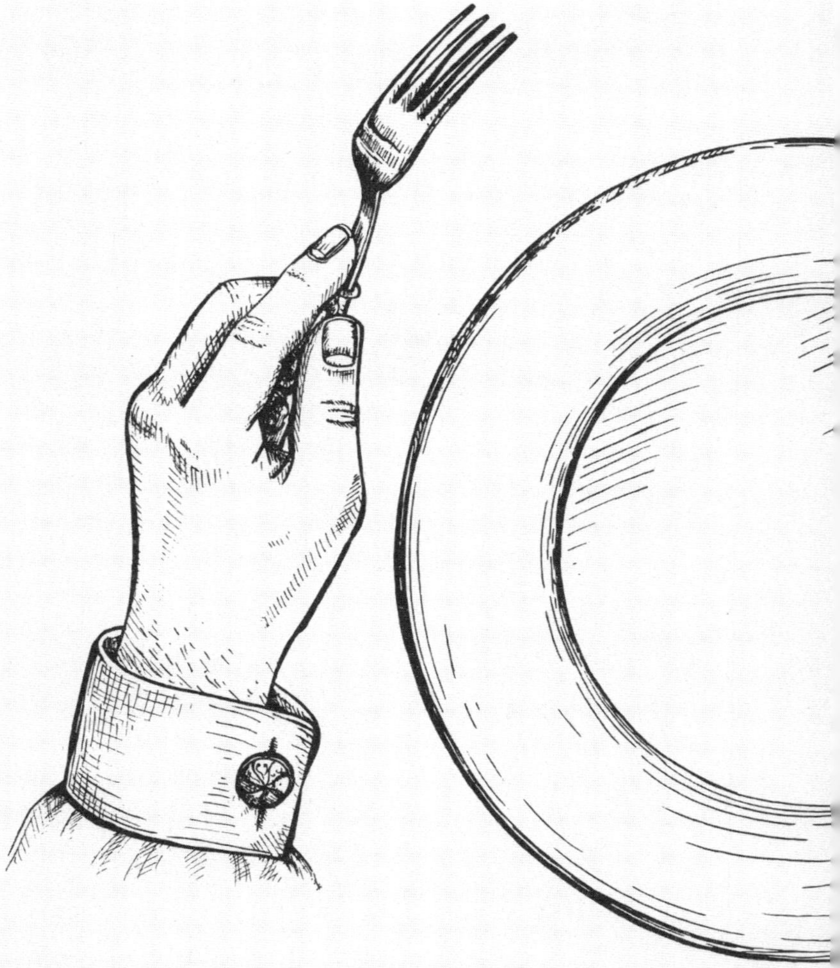

RECETAS

APERITIVOS Y UNTABLES PARA DESPERTAR LOS SENTIDOS

ACEITUNAS RELLENAS Y MARINADAS EN CASA

Con este snack te convertirás en el rey o reina de los aperitivos en casa. Pensar que unas simples aceitunas pueden protagonizar el comienzo de una comida o cena con amigos me parece una fantasía. Y si lo combinas con un buen vermut, ya te has coronado.

Ingredientes

4

1 bote de aceitunas XL deshuesadas
150 g de queso feta
3 cdas. de aceite de oliva virgen extra
ralladura de limón
ralladura de lima
ralladura de naranja
1 cda. de vinagre balsámico
pimienta negra recién molida al gusto
1 cdta. de orégano
1 cdta. de tajín en polvo

Elaboración

1. Quitamos el caldo sobrante de las aceitunas, cortamos el queso feta en cubos y las rellenamos una a una con el queso.
2. Preparamos el aliño mezclando el resto de los ingredientes en el bote y añadimos las aceitunas rellenas.
3. Mezclamos bien y servimos de aperitivo. Como consejo, puedes prepararlas un día antes para que cojan más sabor y se impregne mejor el aliño.
4. También puedes rellenarlas de queso azul, y al aliño le añades tomates secos hidratados en aceite de oliva virgen extra y albahaca fresca picada.

EL SALMOREJO DE MI MADRE

Ya lo decía mi abuelo: mi madre debería haber montado una empresa de salmorejos a domicilio. Te diré que hasta el día de hoy no he visto un salmorejo igual, es espectacular, todo el mundo que lo prueba dice lo mismo.

Ingredientes

4

1 kg de tomates de pera
250 g de pan de telera (pan de pueblo)
1 diente de ajo
150 ml de aceite de oliva virgen extra
una pizca de sal
1 cdta. de vinagre de manzana (opcional)
2 huevos cocidos fríos
200 g de jamón ibérico

Elaboración

1. Antes de nada, mi recomendación es que lo hagas en un vaso batidor con potencia, nunca con batidora de mano. Y también me gustaría añadir que, aunque pueda resultar obvio, el secreto de un buen salmorejo es la calidad de los tomates y del aceite de oliva.
2. En una batidora añadimos los tomates de pera partidos en mitades, el pan troceado, el diente de ajo sin el germen, el aceite y una pizca de sal.
3. Batimos todo a máxima potencia y, desde arriba, vamos añadiendo más aceite, poco a poco, para emulsionar el salmorejo.
4. Cuando veamos que ha cogido color y textura, probamos el sabor por si hay que rectificar de sal.
5. En casa, en este punto, le añadimos un chorrito de vinagre de manzana para que le dé un *punch* extra, pero el tradicional no lo lleva.
6. Servimos con huevo cocido troceado y jamón ibérico en taquitos.

SAAM DE ATÚN CON MI SALMOREJO (PREMIO AL MEJOR SALMOREJO 2024)

Con este entrante gané el premio el mejor salmorejo de España 2024. No sé si lo merecía, pero sí te digo que allá donde lleves esta combinación van a quedar boquiabiertos con la explosión de sabor.

Ingredientes 4

- 300 g de atún rojo
- 1 cda. de salsa sweet chilli
- 1 cda. de salsa de soja
- 1 cogollo de lechuga (usamos las hojas)
- 80 g de torreznos (fritos)

Elaboración

1. Cortamos el atún en dados.
2. Lo marinamos un par de minutos con la salsa sweet chilli y un toque de soja.
3. Mientras, quitamos 4 hojas del cogollo y las lavamos.
4. Disponemos dos o tres cucharadas de salmorejo (ver receta en la p. 67) en cada hoja, encima colocamos el atún y, como toque final, los torreznos picados.
5. Colocamos los *saam* apoyados sobre cuatro cuencos donde previamente hemos servido el salmorejo.

TARTAR DE SALCHICHÓN

Se trata de un aperitivo que se ha puesto muy de moda en los últimos meses y que, realmente, es un plato típico de Málaga. Es fácil y, a poco fan que seas del embutido, este aperitivo es para ti.

Ingredientes

4

300 g de salchichón de Málaga (crudo)
8 pepinillos
½ cebolla
5 champiñones

Para el aliño:
1 yema de huevo
2 cdas. de mayonesa
1 cdta. de mostaza normal
pimienta negra al gusto
1 cdta. de miel

Elaboración

1. Cortamos o picamos el salchichón. Tengamos en cuenta que, al estar poco madurado, será más fácil de manipular.
2. Picamos el resto de los ingredientes del tartar y los mezclamos en un bol con el salchichón.
3. Lo llevamos al frigorífico tapado con film mientras preparamos el aliño.
4. Echamos en un bol la yema de huevo, la mayonesa, la mostaza, la miel y la pimienta negra, y lo mezclamos todo bien con unas varillas hasta que quede integrado.
5. Incorporamos el aliño al bol del salchichón picado y mezclamos bien.
6. Para presentarlo te recomiendo utilizar un cilindro; en el caso de no tenerlo, pon plástico film en un bol, añade el tartar, dale la vuelta en un plato, quita el film y sírvelo con unas tostas.

TARTAR DE TOMATE

Te voy a contar una anécdota. Esta fue una de las primeras recetas que subí a mi perfil de Instagram, pero con el tiempo la modifiqué y os voy a enseñar ambas para que elijáis la que más os guste.

Ingredientes

4

- 1 lata de tomates enteros (escaldados)
- 1 cdta. de mostaza de Dijon
- 1 cdta. de alcaparras picadas
- 1 cda. de cebolla morada finamente picada
- 1 cda. de pepinillos en vinagre picados
- 2 cdas. de aceite de oliva virgen extra
- 1 cdta. de salsa Perrins
- ½ cdta. de vinagre de Jerez o balsámico
- sal y pimienta negra al gusto
- cebollino fresco para decorar

Elaboración

1. Abrimos la lata de tomates y les quitamos el líquido sobrante, nos quedamos con los tomates escaldados. En el caso de no encontrar podemos hacerlo en casa. Es tan fácil como escaldar los tomates en agua hirviendo durante 10 segundos, acto seguido los pasamos a agua fría y retiramos la piel.
2. Cortamos los tomates en cuartos, retiramos las semillas y picamos la carne en dados muy pequeños. En un colador lo dejamos reposar para que suelte toda el agua.
3. Colocamos el tomate en un bol y añadimos la mostaza, las alcaparras, la cebolla, los pepinillos, el aceite de oliva, la salsa Perrins y el vinagre.
4. Mezclamos bien y salpimentamos al gusto.
5. Dejamos reposar en la nevera tapado unos 15 minutos para que se integren los sabores.
6. Emplatamos usando un aro de cocina para darle forma y terminamos de decorar con cebollino picado.

TARTAR DE TOMATE CORONADO CON CREMA DE ATÚN

Podría decirte que esta receta fue de las primeras que me inventé. La combinación del tomate con los espárragos y el atún crean una experiencia en boca inolvidable.

Ingredientes

4

3 tomates rosas
1/2 cebolla fresca
3 cdas. de aceite de oliva virgen extra
1 cdtas. de mostaza
1 cdta. de vinagre balsámico
1 cdta. de miel
50 g de cebollino
4 espárragos blancos en conserva

Crema de atún:
2 latas de atún en conserva
2 cdas. de mayonesa
2 cdas. de queso crema

Elaboración

1. Cortamos el tomate en cubos y lo añadimos a un colador para que suelte el agua.
2. Mientras, preparamos la crema de atún mezclando todos los ingredientes hasta conseguir una crema ligera.
3. Preparamos el aliño mezclando el aceite de oliva virgen extra la mostaza, el vinagre y la miel. Te resultará más fácil hacerlo con un tenedor o unas varillas.
4. Aliñamos el tomate simplemente mezclándolo con el aderezo y el cebollino.
5. Presentamos en un plato con la ayuda de un molde, colocamos encima la crema de atún y lo coronamos con cebollino picado.

ENSALADILLA CASERA DE ANCHOA Y PIPARRA

Un aperitivo perfecto (también puede funcionar como primero) para presentarlo como una marinera (típica tapa murciana) y dejar a tus invitados alucinados. Me la enseñó una amiga y desde ese momento siempre la preparo así.

Ingredientes

4

4 patatas medianas
1 zanahoria
2 huevos
1 bote (120 g) de piparras (pueden ser guindillas)
8-10 filetes de anchoas en aceite
150 g de mayonesa
aceite de oliva virgen extra al gusto
1 cdta. de mostaza normal
sal y pimienta al gusto

Elaboración

1. Cocemos las patatas y la zanahoria en agua con sal hasta que estén tierna. Las pelamos y, con la ayuda de unas varillas, las machacamos sin llegar a hacer puré.
2. Hervimos los huevos en agua durante 10 minutos. Los pelamos y picamos finamente.
3. Cortamos las piparras en rodajas finas y las anchoas en trozos pequeños.
4. Mezclamos patatas, zanahorias, huevos, piparras y anchoas en un bol grande. Para que coja sabor, yo lo dejo reposar 1 hora en el frigorífico. Añadimos la mayonesa, así como el toque de mostaza, y removemos hasta que todo quede bien integrado, y ajustamos de sal y pimienta al gusto. Si quieres, puedes añadirle un chorrito de aceite de oliva para darle un toque más cremoso.
5. Servimos bien fresquita, decorada con más piparras y anchoas por encima.

ENROLLADO DE CALABACÍN

Esta receta te sacará de más de un apuro cuando tengas que preparar aperitivos rápidos o incluso primeros.

Ingredientes

4

1 calabacín
200 g de queso parmesano rallado
4 huevos
pimienta negra al gusto
sal al gusto

Para el relleno:
200 g de queso crema
1 puñado de nueces
200 g de jamón cocido o salmón

Elaboración

1. Rallamos el calabacín y con un trapo limpio le quitamos el agua. Mientras, precalentamos el horno a 180 °C, con distribución de calor arriba y abajo.
2. Echamos a un bol el calabacín rallado, lo mezclamos con el parmesano y seguidamente añadimos los huevos. Salpimentamos.
3. Mezclamos todo bien hasta que quede integrado y lo extendemos en una bandeja forrada con papel de horno.
4. Lo metemos en el horno hasta que se dore, aproximadamente 10-15 minutos.
5. Lo sacamos del horno y dejamos enfriar.
6. Una vez frío, untamos el queso crema, esparcimos unas nueces y colocamos encima el jamón cocido.
7. Enrollamos y cortamos en medallones.
8. Te aconsejo meterlo en el frigorífico enrollado y tapado con film, y servirlo pasada mínimo 1 hora.

SÁNDWICH DE BEICON, HUEVO Y CURRI

Quizá te suene el *tamago sando*, un sándwich japonés que se ha hecho viral en redes. Aquí vas a ver que le he dado mi toque especial para que lo prepares cuando tengas invitados en casa.

Ingredientes — 1 sándwich

4 rebanadas de pan de molde blanco (sin corteza)
3 huevos
4 tiras de beicon
2 cdas. de mayonesa
1 cdtas. de mostaza suave (opcional, pero le da un puntazo)
sal y pimienta al gusto
una pizca de curri

Elaboración

1. Ponemos los huevos en agua hirviendo y cocemos 10 minutos. Luego los pasamos a un bol con agua fría y hielo para cortar la cocción. Los pelamos y trituramos con un tenedor.
2. Mezclamos los huevos con la mayonesa, la mostaza, sal, el curri y la pimienta hasta obtener una textura cremosa.
3. Doramos las tiras de beicon en una sartén hasta que queden crujientes. A continuación, lo colocamos sobre papel absorbente.
4. Untamos un poco de mayonesa en el pan, agregamos una buena cantidad de la mezcla de huevo y colocamos el beicon encima. Tapamos con la otra rebanada y presionamos suavemente.
5. Para un toque más japonés, cortamos los bordes del pan (si has usado pan blanco con corteza) y partimos el sándwich en dos.

TRUCO: si quieres un extra de textura, tuesta ligeramente el pan antes de montar el sándwich.

PAN CASERO

Si te gusta mojar pan, esta serie de aperitivos son los tuyos y los tienes en apenas 5 minutos; eso sí, es imprescindible un buen pan tostadito. Así que te animo a que hagas el tuyo propio, porque en este apartado las recetas, como su nombre indica, son para untar y un buen pan siempre suma disfrute y sabor.

Ingredientes

4

- 6 g de levadura deshidratada o 15 g de levadura fresca
- 15 g de azúcar
- 350 ml de agua templada (1 taza y media)
- 3 cdas. de aceite de oliva virgen extra
- 500 g (4 tazas) de harina de trigo de todo uso
- 10 g de sal

Elaboración

1. Para preparar este simple pan, lo primero es hidratar la levadura. Ponemos un poco de agua en un bol y agregamos la levadura y el azúcar. Removemos (más o menos 2 minutos) con una cuchara de madera hasta que la levadura se disuelva por completo.
2. En un bol, vertemos el agua templada, la levadura hidratada, el aceite de oliva y 5 cucharadas de harina. Mezclamos bien y, cuando esté todo integrado, tapamos con un paño y dejamos reposar a temperatura ambiente durante unos 20 minutos. Transcurrido ese tiempo, verás que la masa se ha llenado de burbujas y ha crecido. Es el momento de incorporar la harina restante.
3. Vamos incorporando la harina y mezclando. La masa tiene que quedar muy espesa. Añadimos la sal en este punto. Pasamos la masa al mármol cuando esté muy compacta.
4. Extendemos un poco de harina sobre el mármol y volcamos toda la masa. Amasamos durante un par de minutos (si te untas las manos con un poco de aceite de oliva no se te pegará).

Dejamos reposar la masa media hora, tapada con un paño, sobre la encimera enharinada.

5. Untamos un poco de aceite en el papel de horno, así como en el interior del molde que te servirá para hornear (el molde que he usado yo mide 22 cm de diámetro). Tras 30 minutos, la masa ya está lista para hornear. Untamos las manos con aceite y quitamos el aire al pan. Lo pasamos a la bandeja de horno y, con un cuchillo, le hacemos un par de cortes. Espolvoreamos con un poco de harina para darle un aspecto rústico al pan.
6. Tapamos la masa con el molde que servirá para que la humedad del pan no se escape y la masa crezca mucho más. Colocamos la bandeja con el horno apagado y frío. Encendemos el horno a 200 °C y horneamos durante 45 minutos con calor arriba y abajo.

UNTABLE DE ALBAHACA Y TOMATE SECO

Cuando organices una cena en casa con amigos, con este untable el único problema que tendrás es que querrán volver a cenar a tu casa todos los días. Es fácil, fresco y saludable.

Ingredientes 4

aceite de oliva virgen extra
vinagre balsámico
albahaca fresca al gusto
1 burrata fresca
4-5 tomates secos en aceite de oliva virgen extra
1 puñado depistachos picados

Elaboración

1. En un plato llano echamos aceite hasta cubrir la base junto con unas gotas de vinagre balsámico.
2. Picamos bien unas hojas de albahaca y unos tomates secos y los extendemos sobre el aceite hasta cubrirlo. Esparcimos unos pistachos troceados por encima.
3. Abrimos la burrata y la colocamos en medio.
4. Lo presentamos con pan tostado para untar.

UNTABLE DE SALCHICHÓN

Es el entrante perfecto y sin complicaciones para cuando estés en apuros y no tengas tiempo para cocinar.

Ingredientes 4

1 salchichón (aprox. de 300 g)
150 g de queso crema
1 cda. de cebolla caramelizada

Elaboración

1. Batimos todos los ingredientes en una batidora de vaso hasta conseguir una textura perfecta.
2. Presentamos en un cuenco con pan tostado.

UNTABLE DE SALMÓN

Si eres más de ahumados, este entrante se convertirá en tu pasión.

Ingredientes 4

200 g de salmón ahumado
125 g de queso crema
eneldo
lima
aceite de oliva virgen extra

Elaboración

1. Batimos todos los ingredientes en una batidora de vaso hasta conseguir una textura perfecta.
2. Presentamos en un cuenco con pan tostado.

MANTEQUILLA CASERA

Un detalle que me gusta poner cuando vienen invitados a casa son mis mantequillas caseras de diferentes sabores. Es algo que a simple vista parece innovador, pero es realmente tradicional y siempre gusta mucho, porque la gente no suele esperarlo.

Ingredientes 4

500 ml de nata para montar
sal
1 cdta. de pasta de miso
1 cda. de cebolla caramelizada
hierbas naturales (como, por ejemplo, albahaca, romero y tomillo) al gusto

Elaboración

1. Ponemos la nata en el vaso batidor con varillas y batimos, primero despacio y después vamos aumentando la velocidad. En pocos minutos, lo primero que ocurrirá será que la nata se montará, pero si seguimos batiendo unos 10 minutos más se separarán el suero de la leche y la mantequilla, quedando claramente diferenciados.
2. Una vez tengamos la mantequilla separada, ya podremos trabajar con ella para refinarla. Para ello, lo mejor es utilizar un par de paletas de madera con las que aplastaremos, doblaremos y removeremos la mantequilla, de forma que vaya escapando de su interior el suero que pueda tener atrapado.
3. Aquí es cuando recomiendo probar el sabor y rectificar de sal si fuese necesario, aprovechando que la mantequilla estará muy blanda y manejable.
4. El siguiente paso es eliminar el suero (líquido sobrante) y añadir la mantequilla en agua muy fría, para lavarla y retirar el suero por completo.
5. Una vez lavada la mantequilla casera con el agua, volvemos a

trabajar presionando con las maderas o las manos para volver a eliminar el agua que haya quedado o incluso algo más de suero, repitiendo dos o tres veces el proceso para así obtener una mantequilla casera excelente.

6. Para darle sabor, te aconsejo meterla en una batidora sin las varillas, añadir el ingrediente que más te guste (cebolla caramelizada, pasta miso, albahaca) y triturar hasta crear una mantequilla cremosa y esponjosa perfecta para untar.

NOTA: de los 500 ml de nata líquida, obtendrás aproximadamente 170 g de mantequilla casera.

PATÉ DE MEJILLONES

Uno de los aperitivos que más gustan en las cenas privadas que hago es este paté de mejillones, fácil de untar y de disfrutar.

Ingredientes 4

2 latas de mejillones en escabeche
2 latas de atún en aceite de oliva
200 g de queso crema
6 palitos de cangrejo
3 cdas. de mayonesa
1 cdta. de mostaza
pimienta negra al gusto

Elaboración

1. Añadimos todos los ingredientes a un vaso batidor.
2. Trituramos todo hasta que quede una crema uniforme.
3. No tires las latas de los mejillones, ya que nos van a servir para presentar el paté en ellas, colocando unas tostas al lado.

PRIMEROS SIN COMPLICACIONES

PATATAS A LA REINA

Iniciamos esta sección de primeros con la receta que marca el antes y el después en mi pasión por la cocina, una receta muy sencilla pero que fue la primera que aprendí de mi abuela. Y es que, como vas a ir viendo en este libro, una receta sencilla es perfectamente compatible con un excelente plato.

Ingredientes

4

5 patatas
una pizca de sal
aceite de oliva virgen extra para freír
300 g de tomate frito
200 g de queso mozzarella o queso parmesano

Para la bechamel:
1 cda. de mantequilla
1 cda. de harina de trigo
sal al gusto
500 ml de leche
nuez moscada al gusto

Elaboración

1. Cortamos las patatas en rodajas finas y las lavamos para quitarles el almidón sobrante. Las secamos con un trapo seco y limpio.
2. En una sartén añadimos aceite y freímos las patatas (el truco es utilizar abundante aceite caliente). Sazonamos.
3. Mientras, preparamos la bechamel. Derretimos la mantequilla en una sartén, añadimos la harina de trigo y sal, y movemos con unas varillas a fuego medio.
4. Una vez integrada la harina, agregamos poco a poco la leche y vamos integrando con las varillas hasta que espese; corregimos de sal y añadimos una pizca de nuez moscada.
5. En una fuente apta para horno disponemos en la base el tomate frito, luego una capa de patatas fritas y después la bechamel, así sucesivamente hasta que agotemos todos los ingredientes.
6. Sobre la última capa, que será de bechamel, extendemos el queso rallado.

7. Para acabar metemos la fuente en el horno previamente precalentado a 180 °C con el grill, gratinamos y servimos.

EMPANADA DE MORCILLA Y PERA

Esta es la empanada más famosa en mi familia, y te va a sorprender su sabor porque realmente es superfácil de hacer; solo tienes que combinar estos ingredientes.

Ingredientes

4

2 bases de hojaldre redondas	1 rulo de queso de cabra
1 morcilla de arroz	un puñado de nueces
1 pera	1 huevo para pintar

Elaboración

1. Precalentamos el horno a 180 °C con aire y calor arriba y abajo.
2. Pinchamos la primera base de hojaldre para que no se hinche demasiado en el horno.
3. Quitamos la piel a la morcilla y la desmenuzamos.
4. Colocamos la base de hojaldre sobre una bandeja forrada con papel de horno, rellenamos con la morcilla, la pera a láminas, el queso de cabra en rodajas y las nueces troceadas.
5. Tapamos con la otra base, cerramos los bordes y la pinchamos con un tenedor.
6. Pintamos la masa con huevo batido y metemos al horno 25-30 minutos hasta que la masa esté dorada e inflada.
7. Sacamos del horno y dejamos que se temple para poder disfrutarla.

EMPANADA GALLEGA DE MEJILLONES Y CHORIZO CON MASA CASERA

Galicia me tiene robado el corazón. Tengo una tradición que me encanta: siempre que voy de viaje busco la mejor empanada. Recuerdo lo que disfruté cuando en Bueu (Pontevedra) encontré un mercado donde estaban las señoras gallegas preparando las empanadas, y desde ese momento me crearon la necesidad de hacerla casera.

Ingredientes

6

Para el relleno:
500 g de mejillones
500 g de chorizo dulce (mejor si es de buena calidad)
1 cebolla grande
1 pimiento rojo
1 pimiento verde
2 dientes de ajo
aceite de oliva virgen extra
2 tomates maduros o 1 lata de tomate triturado (400 g)
1 cdta. de pimentón dulce
1 hoja de laurel
sal y pimienta al gusto

Para la masa:
500 g de harina
1 cdta. de sal
200 ml de agua
100 ml de aceite de oliva virgen extra
1 huevo para pintar

Elaboración

Preparamos el relleno:

1. En una olla añadimos 3 dedos de agua y sal, cocemos los mejillones hasta que se abran. Retiramos las conchas y reservamos el caldo.
2. Picamos finamente el chorizo, la cebolla, los pimientos y el ajo.

3. En una sartén con un poco de aceite de oliva, sofreímos la cebolla, el ajo, el laurel y los pimientos a fuego medio hasta que estén tiernos.
4. Añadimos el chorizo picado y cocinamos unos minutos hasta que se dore.
5. Incorporamos los tomates picados (o el tomate triturado) y el pimentón. Cocinamos unos 10 minutos, removiendo de vez en cuando. Pasado el tiempo quitamos la hoja de laurel.
6. Agregamos los mejillones y un poco del caldo de cocción. Dejamos cocinar 5-7 minutos para que se integren los sabores. Salpimentamos al gusto y reservamos.

Preparamos la masa:

1. En un bol grande, mezclamos la harina, la sal, el agua y el aceite de oliva. Amasamos hasta obtener una masa homogénea. Si es necesario, añadimos un poco más de agua o harina.
2. Dividimos la masa en dos partes, una más grande para la base y otra más pequeña para la tapa.
3. Estiramos la masa grande con un rodillo sobre una superficie enharinada hasta obtener un círculo grande que cubra el fondo de una bandeja de horno. Estiramos también la masa de la tapa, ambas masas deben tener el mismo tamaño.

Montamos la empanada:

1. Precalentamos el horno a 180 °C.
2. Colocamos la base de masa en la bandeja, extendemos el relleno sobre ella (dejando el borde libre) y cubrimos con la tapa de masa.
3. Sellamos los bordes presionando con un tenedor y hacemos un par de cortes en la parte superior para que respire durante la cocción.
4. Pintamos la superficie con el huevo batido.

Horneamos y servimos:

1. Horneamos durante unos 35-40 minutos o hasta que la empanada esté dorada y crujiente.
2. Dejamos reposar unos minutos antes de cortar y servir.

NOTA: está buenísima tanto caliente como a temperatura ambiente; es ideal como plato principal, pero también es perfecta para pícnics o para llevar como comodín en un viaje, escapada o similar.

HUEVOS RELLENOS

Todos los nietos de la familia recordamos los huevos rellenos que hacía mi abuela. No diría que fuesen su especialidad como tal, pero de lo que sí estoy seguro es de que era uno de sus platos estrella y de que con el tiempo se ha convertido en parte de nuestros recuerdos.

Ingredientes

4

7 huevos
4 latas de atún en conserva
pimiento rojo al gusto
tomate frito al gusto

Ingredientes para la mayonesa casera:
1 huevo
aceite de girasol o aceite de oliva virgen extra
sal al gusto
limón al gusto

Elaboración

1. Cocemos los huevos 10 minutos, con el agua a temperatura ambiente hasta llegar a ebullición.
2. Una vez listos, los llevamos a agua muy fría con hielo y los pelamos.
3. Cortamos los huevos por la mitad, reservamos las claras y una yema, extraemos las demás yemas y, en un plato, las machacamos junto con el atún, el pimiento rojo y el tomate frito.
4. Con esta mezcla rellenamos los huevos y los colocamos boca abajo, los cubrimos bien de mayonesa casera y los decoramos con 1 yema rallada.

Elaboración de la mayonesa:

1. En contra de lo que mucha gente piensa, una mayonesa casera no tiene complicación. Solo tienes que seguir estos pasos:

2. Añadimos en una jarra de batidora 1 huevo, aceite de girasol o de oliva virgen extra hasta cubrirlo 2 dedos por encima y sal.
3. Metemos la batidora hasta abajo del todo, y, sin moverla, le damos al botón. Verás que va a ir emulsionándose, así que, cuando obtengas una buena textura, pon un poco de limón y ya tienes una mayonesa casera perfecta.

ENSALADA DE TOMATES EN CONSERVA PARA MOJAR PAN

Para mí no existe mayor manjar que mojar pan en esta ensalada, es algo inevitable, es tan fácil y saludable que la querrás preparar todos los días de la semana. Mi madre la llama «ensalada murciana» y quiero rendirle un pequeño homenaje incluyéndola en el libro. A continuación, recojo todos los ingredientes que suelen acompañar a los tomates, pero, entre tú y yo, nosotros la hacemos con lo que tenemos en casa.

Ingredientes

4

2 huevos
½ cebolla dulce fresca
2 pimientos verdes
1 lata de tomates enteros pelados
aceitunas negras o verdes al gusto
2 latas de atún en conserva
un chorretón de vinagre balsámico
aceite de oliva virgen extra
sal al gusto

Elaboración

1. Cocemos los huevos unos 10 minutos y los dejamos enfriar en un bol con hielo y agua fría.
2. Cortamos la cebolla fresca y la colocamos en un plato hondo con agua fría y sal. Seguidamente dejamos reposar unos 15 minutos y enjuagamos bien. Así quedará más suave y crujiente.
3. Cortamos el pimiento en juliana. Pelamos el huevo y lo cortamos en rodajas. Echamos el tomate en conserva (normalmente la gente suele separar el líquido del tomate, pero en casa lo dejamos todo) a una ensaladera y lo troceamos a cuchillo. Lo ideal es que queden algunos trozos enteros, que tengan buena mordida.
4. Añadimos a la ensaladera los demás ingredientes y lo mezclamos bien. Yo suelo dejarlo sin aliñar en el frigorífico para que

coja sabor y cuando lo vayamos a servir lo aliño como una ensalada normal.

5. Sirve como si fuese una ensalada y, cuando acabes, moja el pan en la salsita que ha sobrado. Seguramente estarás alucinando por el sabor espectacular y la próxima vez querrás hacer un poco más de salsa para repetir este delicioso gesto.

BUÑUELOS DE BACALAO

Recuerdo que cuando llegaba la Cuaresma o la Semana Santa, mi abuela preparaba sus buñuelos caseros llenos de sabor y tan fáciles de hacer que no te lo vas a creer.

Ingredientes

4

1 lomo de bacalao fresco y desalado	2 cdas. de maizena
1 diente de ajo	1 huevo
3 ramitas de perejil fresco	pimienta negra al gusto
sal al gusto	aceite de oliva virgen extra
3 cdas. de harina de trigo	mayonesa casera
1 cdta. de levadura química	lima

Elaboración

1. Trituramos el bacalao con el ajo y el perejil hasta conseguir una masa homogénea e integrada.
2. Preparamos la masa con todos los demás ingredientes en un bol (salvo la mayonesa casera y la lima) y la integramos bien con unas varillas.
3. Una vez se obtenga una masa suave, añadimos el bacalao triturado y mezclamos de nuevo.
4. Calentamos en un cazo aceite de oliva virgen extra y, por tandas, añadimos a cucharadas la masa. Verás cómo se van formando los buñuelos.
5. Servimos con mayonesa casera con un toque de jugo de lima recién exprimido.

CEVICHE PERUANO

Prometo que podría tomar a sorbos la leche de tigre de este ceviche. Y, cuando lo pruebes, puede que tú también. Te aseguro que vas a triunfar allá donde lo prepares, y cuando veas lo fácil que es, más aún.

Ingredientes

4

600 g de corvina o lubina limpia
sal
pimienta negra
sobrantes del pescado
(filetes de pescado)
½ cebolla morada
zumo y ralladura de 2 limas
½ jengibre
3 ramas de apio
80 g de cilantro
½ ají amarillo
1 boniato
1 plátano macho

Elaboración

1. Cortamos el pescado en dados (es importante usar un buen cuchillo) y lo sazonamos con sal y pimienta negra.
2. Preparamos la leche de tigre metiendo en una batidora los recortes de los filetes del pescado, la cebolla morada, el zumo de lima, el jengibre pelado y el apio, y lo batimos a máxima potencia.
3. Lo dejamos marinar al menos 30 minutos y lo colamos para obtener la leche de tigre perfecta.
4. Añadimos el cilantro y el ají amarillo bien picados, y ralladura de lima.
5. Incorporamos el pescado y removemos todo para que coja sabor.
6. Presentamos en cuencos con el boniato (cocido previamente 20 minutos) cortado a dados y el plátano macho frito.

PATATAS MAYORDOMO

Aquí es cuando te das cuenta de que un ingrediente tan básico como la patata ofrece mil alternativas a la hora de cocinarlo, y que, a pesar de su sencillez (o gracias a ella), esta receta es perfecta para ponerla de primero o de guarnición.

Ingredientes

4

4 patatas medianas
1 cebolla pequeña
2 dientes de ajo
40 g de mantequilla
200 ml de nata para cocinar
sal y pimienta al gusto
nuez moscada (opcional)
100 g de queso rallado (gruyère o emmental)

Elaboración

1. Precalentamos el horno a 180 °C.
2. Pelamos y cortamos las patatas en rodajas finas. Si tenemos una mandolina, mejor, así será más sencillo y además quedarán uniformes.
3. Picamos finamente la cebolla y los ajos.
4. En una sartén, derretimos la mantequilla y sofreímos la cebolla y el ajo hasta que estén dorados.
5. En un cazo, calentamos la nata sin que hierva y añadimos sal, pimienta y una pizca de nuez moscada.
6. Montamos el plato: en una fuente para horno colocamos una capa de patatas, una de cebolla y ajo, un poco de nata y queso. Repetimos hasta acabar los ingredientes.
7. Horneamos durante 35-40 minutos o hasta que las patatas estén tiernas y gratinadas por encima.
8. Dejamos reposar 5 minutos antes de servir.

PATATAS A LA IMPORTANCIA

Esta receta tiene más de un siglo, real. Con el tiempo se ha ido quedando un poco en el olvido, pero en honor a nuestras abuelas deberíamos aprender a cocinarlas; además tienen un sabor tan especial que son perfectas como guarnición para multitud de platos.

Ingredientes

4

4 patatas medianas
sal y pimienta
2 huevos
100 g de harina
aceite de oliva virgen extra
1 cebolla
3 dientes de ajo
500 ml de caldo de pollo o de verduras
1 hoja de laurel
unas hebras de azafrán o ½ cdta. de cúrcuma
perejil fresco

Elaboración

1. Pelamos y cortamos las patatas en rodajas de 1 cm aproximadamente. Salpimentamos.
2. Batimos los huevos en un bol y preparamos un plato con la harina.
3. Pasamos las rodajas de patata por harina y luego por huevo.
4. En una sartén amplia, freímos las patatas hasta que estén doradas por ambos lados. Las retiramos y reservamos sobre un papel absorbente. En la misma sartén, retiramos un poco de aceite y pochamos la cebolla picada y los ajos laminados.
5. Cuando estén blandos, añadimos el caldo caliente, el laurel y las hebras de azafrán (o la cúrcuma).
6. Colocamos las patatas en la sartén, bien cubiertas por el caldo. Cocinamos a fuego medio durante 20-25 minutos hasta que estén tiernas y la salsa haya espesado un poco.
7. Como toque final, espolvoreamos con perejil picado y servimos caliente.

CROQUETAS DE GORGONZOLA

Recuerdo la primera vez que las hice, y también cuando las comimos en familia, pues todos tuvimos la sensación de que nos explotaban en la boca. Y es que estas croquetas son una auténtica bomba de sabor que no olvidarás.

Ingredientes

4

- 50 g de mantequilla
- 60 g de harina
- 500 ml de leche entera
- 150 g de queso gorgonzola
- sal y pimienta al gusto
- una pizca de nuez moscada
- nueces o piñones (opcional)
- 2 huevos
- 150 g de pan rallado
- aceite de oliva para freír

Elaboración

1. Derretimos la mantequilla en un cazo a fuego medio.
2. Añadimos la harina y cocinamos un par de minutos sin dejar de remover hasta que tome un color dorado.
3. Añadimos la leche poco a poco, batiendo con unas varillas para evitar grumos.
4. Incorporamos el gorgonzola en trozos y removemos hasta que se funda y que la bechamel espese.
5. Salpimentamos y añadimos una pizca de nuez moscada. Si vas a usar nueces o piñones, los añadimos troceados en este paso.
6. Pasamos la masa a una bandeja, la tapamos con film a piel y dejamos enfriar en la nevera al menos 3 horas (aunque, como consejo adicional, si puedes dejarla de un día para otro, quedarán aún mejores).
7. Formamos las croquetas con las manos engrasadas en aceite o con dos cucharas.

8. Las pasamos por huevo batido y luego por el pan rallado.
9. Freímos en abundante aceite caliente hasta que estén doradas.
10. Las escurrimos sobre papel absorbente y servimos calientes. Ya verás cómo explotan en la boca.

CARPACCIO DE GAMBAS

Este plato es perfecto si te planteas una cena elegante en casa. Como primer plato es ideal y dejarás a tus invitados alucinados.

Ingredientes

4

300 g de gambas frescas, preferiblemente rojas, o langostinos
3 cdas. de aceite de oliva virgen extra
zumo de ½ limón
½ diente de ajo rallado (opcional)
sal en escamas
pimienta negra recién molida
almendras garrapiñadas y picadas
cebollino picado o ralladura de limón para decorar

Elaboración

1. Pelamos las gambas, retiramos el intestino y las secamos bien con papel de cocina.
2. Colocamos las gambas en forma de círculo (algo más pequeño que el plato donde se vaya a servir) entre dos hojas de papel film o de horno y las aplastamos suavemente con un rodillo hasta obtener una capa fina y uniforme.
3. Llevamos al congelador unos 15 minutos (con el papel film) para que coja firmeza.
4. Retiramos el film y colocamos el carpaccio en un plato frío.
5. Aliñamos con el aceite de oliva, el zumo de limón y, si queremos, un toque de ajo rallado.
6. Espolvoreamos con sal en escamas, pimienta negra y almendras garrapiñadas. Y, por último, decoramos con cebollino picado o ralladura de limón.
7. Servimos de inmediato, bien frío.

CARPACCIO DE TERNERA

Esta receta se me quedó grabada después de un viaje que hicimos en familia al lago de Como; nos lo prepararon en un restaurante típico de una *nonna* italiana y fue espectacular.

Ingredientes 4

300 g de solomillo de ternera, que esté muy limpio de grasa
3 cdas. de aceite de oliva virgen extra
zumo de ½ limón
½ diente de ajo rallado (opcional)
sal en escamas
pimienta negra recién molida
mayonesa trufada
30 g de queso parmesano en lascas
1 puñado de rúcula
1 cdta. de alcaparras (opcional)

Elaboración

1. Congelamos la carne envuelta en film durante 1 hora para que sea más fácil cortarla.
2. Cortamos en láminas muy finas con un cuchillo afilado o pedimos al carnicero que nos la prepare.
3. Colocamos las láminas en círculo entre dos hojas de papel film y aplastamos suavemente con un rodillo para afinarlas aún más.
4. Distribuimos el carpaccio en una bandeja.
5. Aliñamos con el aceite de oliva, el zumo de limón y, si queremos, el ajo rallado.
6. Echamos también la sal en escamas, la pimienta negra y la mayonesa trufada.
7. Decoramos con las lascas de parmesano, la rúcula y las alcaparras fritas (en una sartén con un poquito de aceite).
8. Servimos acompañado de pan cristal tostado.

HUEVOS REBOZADOS CON JAMÓN Y TOMATE (RECETA DE MI ABUELA)

Reconozco que quizá esta será la receta de huevos más extraña que hayas visto, pero te puedo asegurar que la querrás hacer más de una vez. ¿Te animas a probarla?

Ingredientes

4

6 huevos
60 g de jamón serrano
un chorritoaceite de oliva virgen extra
40 g de harina
½ litro de leche
sal
300 ml de tomate frito
harina y huevo batido para rebozar

Elaboración

1. Ponemos agua a calentar en una cazuela. Agregamos los huevos y los cocemos durante 10 minutos. Los pelamos, los cortamos por la mitad (a lo largo) y separamos las yemas de las claras. Reservamos.
2. En una sartén, ponemos el jamón con un chorrito de aceite de oliva virgen extra y lo doramos para que suelte la grasa.
3. Agregamos la harina y la rehogamos. Incorporamos la leche poco a poco (sin dejar de remover) y, cuando quede perfectamente integrada, aplastamos con un tenedor las yemas que teníamos reservadas y las añadimos. Rectificamos el punto de sal y cocinamos la bechamel (sin dejar de remover) durante 6-8 minutos.
4. Pasamos la bechamel a una fuente, la tapamos con film de cocina (a piel) y dejamos que se enfríe en el frigorífico.
5. Una vez fría, rellenamos los huevos.

6. Los pasamos por la harina y el huevo batido, y los freímos en una sartén con aceite caliente. Retiramos y escurrimos sobre una fuente cubierta con papel absorbente de cocina.
7. Los servimos con tomate frito y a disfrutar de esta maravilla.

ALCACHOFAS CON BERBERECHOS

En una ocasión, una de mis tías me dijo que había probado unas alcachofas con berberechos. Un día tenía estos ingredientes en casa y, como amante de las alcachofas en todas sus formas, pensé: «¿Y por qué no? ¡Manos a la obra!».

Ingredientes

4

1 bote de alcachofas en conserva
sal
aceite de oliva virgen extra
2 cdas. de mayonesa
1 cda. de mostaza
1 cdta. de miel
unas gotas de tabasco
pimienta negra
1 lata de berberechos

Elaboración

1. Escurrimos las alcachofas y las doramos en una sartén a fuego alto, con un poco de aceite y un toque de sal.
2. Preparamos un aliño mezclando la mayonesa, la mostaza, la miel, un poco de tabasco, sal y pimienta.
3. Presentamos con la salsa de base y por encima colocamos las alcachofas y los berberechos escurridos.
4. Rematamos con un chorrito de aceite de oliva virgen extra por encima.

CREMA DE ESPÁRRAGOS CON BERBERECHOS

Cuando llega el calor, esta receta no pasa desapercibida en mis cenas privadas para clientes; además de ser fresca, la textura queda muy cremosa. Y atento, porque vas a ver que es supersencilla.

Ingredientes 4

1 bote de espárragos blancos (escurridos)
1 lata de berberechos (jugo incluido)
2 cdas. de mayonesa
2 cdas. de queso crema
aceite de oliva virgen extra
sal y pimienta al gusto
berberechos para decorar

Elaboración

1. Metemos todos los ingredientes en una batidora y lo batimos a máxima velocidad.
2. Probamos y rectificamos de sal.
3. Presentamos en un plato hondo con unas banderillas de berberechos.

ESPÁRRAGOS BLANCOS / PUERROS GRATINADOS

Da igual si lo haces con espárragos o puerros, el sabor no te dejará indiferente y tardarás minutos en preparar esta receta.

Ingredientes 4

4 puerros o 4 espárragos blancos
1 diente de ajo picado
100 g de jamón serrano en taquitos
aceite de oliva virgen extra
30 g de mantequilla
200 ml de nata para cocinar
sal y pimienta al gusto
100 g de queso rallado (puede ser parmesano o gruyère)

Elaboración

1. Precalentamos el horno a 200 °C.
2. Limpiamos y cortamos los puerros o los espárragos en trozos de unos 5 cm y los cocemos en agua con sal entre 8-10 minutos hasta que estén tiernos. Luego, los escurrimos bien.
3. Sofreímos el ajo picado con el jamón serrano en una sartén con un poquito de aceite de oliva hasta que el jamón esté crujiente. Reservamos.
4. Para preparar la salsa, derretimos la mantequilla en la misma sartén y añadimos la nata. Cocinamos a fuego lento, removiendo, hasta que se espese un poco. Sazonamos con sal y pimienta.
5. En una fuente para horno, ponemos los puerros o los espárragos en la base, cubrimos con la mezcla de jamón y ajo, y vertemos la salsa por encima. Gratinamos con el queso rallado unos 15 minutos hasta que la superficie esté dorada y burbujeante, ¡y a disfrutar de esta delicia!

TRUCO: Para un toque extra de sabor, añade nuez moscada a la salsa.

PISTO CASERO

Como dice mi madre, ¿qué hay mejor que un huevo frito y un pisto? Por eso te enseño a hacer el mejor pisto que probarás, inspirado en mi abuela.

Ingredientes

4

1 berenjena grande
1 calabacín
1 pimiento rojo
1 pimiento verde
1 cebolla
2 dientes de ajo
aceite de oliva virgen extra
4 tomates maduros o 1 lata de tomate triturado (400 g)
1 cdta. de azúcar (opcional)
sal y pimienta al gusto
1 cdta. de pimentón dulce (opcional)

Elaboración

1. Cortamos la berenjena, el calabacín, los pimientos y la cebolla en dados pequeños. Picamos los ajos bien finos.
2. En una sartén grande con un buen chorro de aceite de oliva, sofreímos la cebolla y el ajo a fuego medio hasta que estén tiernos.
3. Añadimos los pimientos y cocinamos unos 5-7 minutos hasta que empiecen a ablandarse.
4. Añadimos la berenjena y el calabacín, removemos y dejamos cocinar unos 10 minutos más.
5. Incorporamos el tomate triturado (o los tomates rallados), una pizca de azúcar si quieres usarlo, sal, pimienta y pimentón. Bajamos el fuego y dejamos que todo se cocine unos 20-25 minutos, removiendo de vez en cuando.
6. Probamos, corregimos de sal si hace falta y dejamos reposar unos minutos antes de servir. Mi abuela le añadía patatas fritas en dados y un huevo frito. Combinación ganadora.

VIEIRAS DE CUNTIS

Esta es una receta que siempre me recordará a un gran amigo. Me la enseñó un verano en Galicia, y estaba tan increíble que no puedo evitar enseñaros cada paso.

Ingredientes 4

4 vieiras
una pizca de sal fina
1 cebolla
aceite de oliva virgen extra
vino blanco (albariño) al gusto
una pizca de azafrán en hebra
una pizca de pan rallado
pimienta negra al gusto
conchas

Elaboración

1. En unas conchas grandes colocamos las vieiras y les añadimos sal fina. Ponemos las conchas en una bandeja de horno.
2. Picamos la cebolla en *brunoise* (es decir, en pequeños dados, generalmente de 1 a 3 mm de lado), lo mejor picada posible, y la llevamos a pochar a una sartén con un chorro de aceite de oliva virgen extra, pimienta negra y una pizca de sal, que le ayudará a sudar más rápido.
3. Cuando la cebolla esté transparente, añadimos el vino blanco y dejamos que reduzca. Sin dejar de remover, incorporamos el azafrán para que le aporte olor, sabor y color.
4. Disponemos la cebolla sobre las vieiras, esparcimos pan rallado por encima y metemos la bandeja al horno a 180 °C durante 8-10 minutos, controlando para no pasarnos de cocción.
5. Presentamos directamente en la concha. Si quieres darle un toque diferente, añade cilantro fresco picado con aceite de oliva virgen extra y lima.

HUEVOS EN PURÉ DE PATATAS

La sencillez y los ingredientes más básicos pueden llegar a crear un plato tan increíble como este. Mi abuela lo preparaba y te puedo decir que vas a flipar.

Ingredientes 2

2 patatas grandes
20 g de mantequilla
50 ml de leche
sal y pimienta al gusto
nuez moscada al gusto (opcional)
2 huevos
queso rallado (opcional)
aceite de oliva virgen extra

Elaboración

1. Lavamos bien las patatas y las ponemos a cocer, piel incluida, en agua con sal hasta que estén tiernas, es decir, unos 25-30 minutos.
2. Las pelamos y las trituramos o pasamos por un pasapurés. Añadimos la mantequilla y la leche caliente, removiendo hasta que quede cremoso. Salpimentamos y añadimos un toque de nuez moscada.
3. Precalentamos el horno a 180 °C.
4. En una fuente, extendemos el puré de patatas haciendo dos pequeños huecos en el centro.
5. Cascamos los huevos sobre los huecos y espolvoreamos un poco de sal y pimienta.
6. Horneamos unos 10-12 minutos hasta que la clara cuaje, pero comprobando que la yema quede jugosa.
7. Podemos gratinar con un poco de queso rallado al final para darle más sabor.
8. Servimos con un chorrito de aceite de oliva virgen extra por encima.

TRUCO: también quedan genial con jamón picado o champiñones salteados por encima, justo al sacarlo del horno.

ENSALADA DE BRÓCOLI Y BEICON

Confieso que desde que probé esta ensalada le he cogido un gusto especial al brócoli. Sé que es una verdura que a mucha gente le cuesta, pero ya verás como con esta receta, que me enseñó la madre de un amigo, una vez que la pruebas te enamoras.

Ingredientes

4

1 brócoli	4 cdas. de yogur natural
200 gr de beicon	1 cda. de miel
2 cdas. de mayonesa	1 puñado de piñones
1 cda. de mostaza	pasas o dátiles picados

Elaboración

1. Cortamos el brócoli y nos quedamos con los arbolitos. Como se come en crudo, los lavamos y escurrimos bien.
2. Doramos el beicon en una sartén.
3. Preparamos un aliño con la mayonesa, la mostaza, el yogur y la miel.
4. En un bol, mezclamos el brócoli con el beicon, los piñones y las pasas o dátiles, y aliñamos con la salsa de mayonesa y yogur.
5. Dejamos enfriar en el frigorífico y servimos.

RATATOUILLE

Podríamos decir que esta receta es una versión o imitación de nuestro pisto español, pero en nuestro país vecino, Francia. Después de la película homónima, se volvió viral en redes sociales y en casa la seguimos haciendo.

Ingredientes

4

1 berenjena
1 calabacín
2 tomates grandes
1 cebolla
1 pimiento rojo
1 pimiento amarillo
un chorrito de aceite de oliva virgen extra
2 dientes de ajo
400 g de tomate triturado
sal y pimienta al gusto
tomillo, orégano y laurel

Elaboración

1. Cortamos la berenjena, el calabacín y los tomates en rodajas finas. Picamos la cebolla y los pimientos en tiras.
2. En una sartén grande, calentamos un chorrito de aceite de oliva y doramos la cebolla con los pimientos hasta que estén tiernos. Añadimos el ajo picado y el tomate triturado, y dejamos que todo se cocine a fuego lento unos 10 minutos. Agregamos la sal, la pimienta y las hierbas para darle ese toque aromático adicional.
3. En una fuente para horno, extendemos el sofrito de tomate como base. Luego, colocamos las rodajas de berenjena, calabacín y tomate, alternándolas en filas o en espiral (como en la película *Ratatouille*).
4. Echamos un chorrito más de aceite de oliva por encima y horneamos a 180 °C durante 40-45 minutos hasta que las verduras estén tiernas y ligeramente doradas.
5. Servimos y disfrutamos. Queda increíble solo, con pan crujiente o como guarnición de carnes o pescados.

ALUBIAS CON CHORIZO EXPRÉS (RECETA DE MI ABUELA)

Seguramente seas de los que no preparan muchos guisos en casa porque piensan que es complicado, pero te aseguro que esta es de las recetas más fáciles, y sobre todo nutritivas, que vas a aprender. Mi abuela hacía al menos dos guisos a la semana, y este es uno de los que más triunfaban, así que ya sabes, ¡a cocinar!

Ingredientes 4

400 g de alubias blancas
2 dientes de ajo
1 cebolla
2 zanahorias
2 patatas
1 pimiento verde
200 g de chorizo fresco dulce
400 g de costilla adobada de cerdo
1 cda. de pimentón de la Vera
1 hoja de laurel
1 pastilla de caldo (opcional)
sal
agua
aceite de oliva virgen extra

Elaboración

1. Ponemos en remojo las alubias desde la noche anterior para que estén hidratadas. Al día siguiente las escurrimos y las metemos en la olla exprés. Seguidamente añadimos el resto de los ingredientes, a excepción del chorizo (la verdura no hace falta picarla, con que esté partida por la mitad es suficiente; la cebolla puede dejarse entera).
2. Añadimos el pimentón, la hoja de laurel, la pastilla de caldo, la sal y agua hasta cubrir. Ponemos la olla a fuego medio-alto para que suelte la espuma, que retiraremos con la ayuda de una espumadera. Cuando ya no salga más, tapamos la olla y cronometramos 25/30 minutos en la olla exprés, o, si es en olla normal, 1 hora y media.

3. Por último, estamos atentos al reloj y, 10 minutos antes de que se cumpla el tiempo, añadimos el chorizo. Mientras este se cuece, sacamos las verduras y las pasamos por una batidora; esto ayudará a crear más cremosidad y consistencia en el resultado final.
4. Una vez añadido el puré de verduras a las alubias, estaría listo para servir junto con el chorizo y la costilla.

LENTEJAS EXPRÉS

Insisto en las bondades de los guisos, creo que deberían formar parte de nuestra rutina semanal, y unas lentejas rápidas y nutritivas pueden mejorar tu día. A mí de pequeño me gustaba hacerlas puré y añadirles queso o paté, pero aquí te voy a dar una receta más tradicional.

Ingredientes 4

- 500 g de lentejas
- aceite de oliva virgen extra
- 2 zanahorias
- 1 pimiento verde
- 1 cebolla mediana
- 1 patata grande
- 2 tomates maduros grandes
- ½ cabeza de ajos
- agua
- ½ cdta. de pimentón dulce de la Vera
- sal
- 1 hoja de laurel
- chorizo dulce (opcional)

Elaboración

1. Ponemos en remojo las lentejas desde la noche anterior (salvo que uses lentejas verdinas, que son más pequeñas y no necesitan remojo previo).
2. En una olla exprés añadimos un poco de aceite de oliva virgen extra, junto con las lentejas y el resto de los ingredientes (salvo el chorizo) partidos por la mitad y sin picar.
3. Agregamos agua hasta cubrir al menos 4 dedos por encima de las lentejas, junto con el pimentón, la sal y el laurel.
4. Tapamos la olla y ponemos el fuego al máximo durante 12-15 minutos.
5. Pasado este tiempo, abrimos la olla y añadimos el chorizo, dejamos cocer 5 minutos más, que es cuando deberemos comprobar que las lentejas están en su punto.
6. Dejamos enfriar la olla, la abrimos con mucho cuidado y retira-

mos las verduras para, como comentaba en la receta previa, triturarlas hasta obtener una crema que añadiremos de poco en poco. Con esto conseguirás que tus lentejas tengan textura y sabor y no queden acuosas.

7. Las dejamos reposar unos minutos con el fuego al mínimo y ya tenemos unas lentejas fáciles, sabrosas y perfectas para disfrutar entre semana.

NOTA: si no tienes olla exprés, puedes hacerlas igual, pero tendrás que esperar más tiempo (unos 45-50 minutos) hasta que se ablanden y consigas la textura perfecta.

SOPA DE POLLO REALMENTE ESPECTACULAR

Puedo entender que pienses que una sopa de pollo es algo muy fácil, pero para sacarle sabor y convertirse en la sopa preferida de muchos, te recomiendo que sigas esta receta. En casa la tenemos congelada y la sacamos para cenar cuando nos entra antojo de ella.

Ingredientes

4

aceite de oliva virgen extra
2 muslos o contramuslos de pollo de corral
sal al gusto
pimienta negra al gusto
1 hueso de jamón o 1 carcasa de pollo
3 zanahorias
2 puerros
1 cebolla grande
2 ramas de apio
3 litros de agua
1 clavo de olor
1 puñado de fideos finos

Elaboración

1. Lo más importante para preparar una sopa perfecta es el fondo. Para que una sopa tenga sabor, tenemos que sellar el fondo con los ingredientes que la integran.
2. Lo primero será salpimentar el pollo, que, en este caso, al ser de corral, tendrá más grasa natural, lo cual nos ayudará a dar más sabor aún a la receta.
3. En una olla grande echamos aceite de oliva virgen extra y el pollo. Lo vamos dorando por todas partes hasta que veamos que en el fondo de la olla ha quedado rastro del sellado (esto es un buen indicativo). Cuando hayan pasado 25 minutos de la primera cocción, añadiremos el hueso de jamón (o la carcasa de pollo) y dejaremos que se cocine todo junto.

4. Mientras, picamos las verduras. Cuando el pollo esté dorado, las incorporamos a la olla y las rehogamos.
5. Cuando las verduras estén bien integradas, añadimos el agua, sal y el clavo de olor.
6. Tapamos y lo cocemos 45 minutos a fuego fuerte.
7. Pasado este tiempo, apartamos las verduras, el pollo y el hueso de jamón (o la carcasa de pollo). Yo te aconsejo colar el caldo para evitar que queden huesos del pollo.
8. Limpiamos el pollo, cortamos la carne en trocitos y la reservamos para añadirla luego a la sopa.
9. Pasamos las verduras al vaso de la batidora y hacemos una crema. Luego, la incorporamos al caldo para darle textura, color y potenciar más aún el sabor (importante: no añadir toda la crema para no espesar demasiado).
10. Una vez tengamos el caldo con la crema, volvemos a poner la olla al fuego, añadimos fideos finos y la carne de pollo reservada, y hervimos hasta que los fideos estén listos. Solo queda disfrutar de un caldo perfecto.

TRUCO: no congeles el caldo con la pasta; mejor cuélala, ya que la pasta no debe congelarse.

MACARRONES GRATINADOS CON CHORIZO

Cuando pensamos en macarrones con chorizo, a todos los jóvenes nos vienen a la cabeza nuestras abuelas. Es inevitable que este plato haya pasado a ser un referente entre las abuelas, pero, aunque parezca una receta fácil, tiene su truco para que el chorizo no repita y el tomate te quede perfecto. Vamos allá.

Ingredientes 4

1 chorizo dulce (de 200 g aprox.)
½ cebolla
1 diente de ajo
sal
pimienta
un chorrito de vino blanco
400 g de tomate triturado
400 g de macarrones (plumas o penne)
queso parmesano o mozzarella

Elaboración

1. Quitamos la piel del chorizo, sacamos la carne y la picamos.
2. La ponemos en una sartén sin aceite a fuego medio hasta que esté dorada, la reservamos y retiramos la grasa que haya soltado (este es el truco para que no repita).
3. En la misma sartén pochamos la cebolla con un ajo picado y salpimentamos. Una vez esté la verdura pochada, añadimos el vino blanco y el chorizo, y dejamos que reduzca el vino.
4. A continuación, incorporamos el tomate triturado (puede ser frito o crudo). En el caso de que sea crudo, lo cocemos a fuego lento y añadimos una pizca de azúcar para quitar la acidez.
5. Cocemos los macarrones el tiempo que nos marque el fabricante, los escurrimos y los añadimos a la salsa.
6. Lo incorporamos todo bien y lo colocamos en una fuente apta para horno. Gratinamos con el queso al grill y servimos.

ARROZ VALENCIANO

Este es el arroz que me ha visto crecer. Cada vez que mis hermanos y yo comíamos en casa de mi abuela, ella nos preguntaba si nos apetecía su arroz valenciano y, por supuesto, la respuesta era un sí rotundo. Aviso, por si eres valenciano/a, de que nunca supimos por qué le puso este nombre.

Ingredientes

4

aceite de oliva virgen extra
1 cebolla
1 ajo
una pizca de sal
1 pimiento verde pequeño
3 tomates
250 g de arroz redondo
1 litro de caldo de pollo
unas hebras de azafrán

Elaboración

1. En una olla normal, vertemos un poco de aceite de oliva virgen extra y preparamos un sofrito. Primero pochamos la cebolla picada junto con el ajo picado y un toque de sal.
2. Cuando esté bien rehogada, añadimos el pimiento verde y los tomates picados, bajamos el fuego a temperatura media y dejamos que vaya pochándose todo.
3. Cuando tengamos listo el sofrito, añadimos el arroz (un puño medio por cada dos personas).
4. Removemos el arroz con el sofrito un par de minutos, corregimos de sal y añadimos el azafrán.
5. Agregamos el caldo de pollo y cocemos unos 12-15 minutos hasta que el arroz esté en su punto. Si vemos que se ha consumido el caldo, le añadimos agua extra. El resultado tiene que ser un arroz caldoso.
6. Probamos y rectificamos de sal si fuese necesario.

ARROZ MELOSO DE POLLO AL AJILLO

Cuando alguien me pregunta por una receta de arroz para muchas personas, siempre me decanto por esta, porque triunfas seguro y no tiene nada de complejidad. Las indicaciones son para ocho comensales, pero, si quieres probarla y no sois tantos, haz una regla de tres para calcular los ingredientes proporcionales.

Ingredientes

8

1 pollo de corral entero despiezado
sal
pimienta negra
1 cabeza de ajos
aceite de oliva virgen extra
1 manojo de espárragos trigueros
1 hoja de laurel
1 ½ vaso de vino blanco
½ vaso de vinagre de manzana
400 ml de tomate frito
700 g de arroz bomba
unas hebras de azafrán
2 l de caldo de pollo o verduras

Elaboración

1. Empezamos preparando un pollo al ajillo, que nos ayudará a crear la base de nuestro arroz. Para ello, en una olla o paellera, doramos el pollo salpimentado y los dientes de ajo enteros con un poco de aceite de oliva virgen extra. Luego, añadimos los espárragos para que se doren.
2. Una vez que esté todo dorado, añadimos el vino blanco y el vinagre de manzana, y dejamos que se reduzca.
3. Incorporamos el tomate frito y mezclamos para que todo se integre y coja el sabor de cada ingrediente.
4. Con esto tendríamos nuestro «sofrito». Ahora añadimos el arroz y nacaramos (para que coja un color uniforme y absorba sabor), y echamos también el azafrán.

5. Agregamos el caldo y ponemos el fuego a alta temperatura, siempre moviendo y revisando. Pasados los 10-12 primeros minutos, comprobamos el punto del arroz, teniendo en cuenta que buscamos un arroz meloso y que esté entero, lleno de sabor.
6. Servimos y disfrutamos. Si quieres coronarte, haz contramuslos con chimichurri o ajo-perejil crujientes en una parrilla, córtalos y colócalos encima del arroz.

SOPA DE MERLUZA Y PATATA

Esta sopa forma parte de mi infancia. Con solo pensar en ella me traslado a las cenas que nos preparaba mi madre de pequeños, y, en concreto, esta sopa era uno de sus platos estrella, así que no puedo no compartirla.

Ingredientes 4

aceite de oliva virgen extra
1 cebolla grande
una pizca de sal
5 patatas medianas
pimienta negra
1 litro de caldo de pescado
400 g de merluza (fresca o congelada)

Elaboración

1. En una olla añadimos un poco de aceite de oliva virgen extra y la cebolla con una pizca de sal, y pochamos a fuego medio, con la olla tapada para que sude más rápido.
2. Una vez pochada la cebolla, añadimos las patatas cortadas en láminas finas, salpimentamos e integramos todo un par de minutos a fuego medio-alto.
3. Pasado este tiempo, añadimos el caldo de pescado y cocemos 15-18 minutos hasta que la patata quede blanda y esté en su punto.
4. Incorporamos la merluza y dejamos que se haga durante unos 5 minutos.
5. Pasado este tiempo, comprobaremos que la patata está en su punto y la merluza también; y con esto, estaría listo para disfrutar.

TRUCO: en casa añadimos un chorrito de vino blanco junto con la merluza y queda fenomenal.

SOPA DE CEBOLLA

De esta sopa me habían hablado, pero nunca supe los trucos para hacerla perfecta hasta que la probé en París. Y ahora, después de haberla preparado varias veces, sí que puedo darte los consejos para que la disfrutes como se merece.

Ingredientes

4

8 cebollas dulces
90 g de mantequilla,
y un poco más para untar
2 cdas. de aceite de oliva virgen extra
sal
pimienta negra molida
300 ml de vino blanco seco
1 cdta. de maizena diluida en agua
1 litro de caldo de carne o verduras
romero o tomillo
(si es fresco, mejor)
pan baguette
100 g de queso emmental rallado
aceite de oliva virgen extra

Elaboración

1. Cortamos todas las cebollas en juliana. En una cazuela, derretimos la mantequilla con el aceite de oliva virgen extra y después agregamos las cebollas en juliana y salpimentamos. Pochamos a fuego lento 20-25 minutos hasta ver que la cebolla cambia de color y se vuelve oscura.
2. Agregamos la maizena diluida en agua y removemos. Dejamos un par de minutos y añadimos el vino blanco y el caldo, sin dejar de revolver. Ajustamos el punto de sal y pimienta al gusto si es necesario. Cocemos a fuego bajo durante unos 30 minutos más.
3. Para la presentación, cortamos rebanadas de pan baguette, untamos mantequilla por ambos lados de las rebanadas y las colocamos en el horno a 180 °C durante unos 10 minutos.
4. Les damos la vuelta y las dejamos otros 10 minutos para que se doren por los dos lados.

5. Rallamos el queso y las hierbas aromáticas para dejarlo preparado.
6. Por último, servimos cada ración de sopa en un cuenco para horno y colocamos encima el pan tostado cubierto de queso rallado. Ponemos en el horno a 220 °C para que el queso se gratine y servimos inmediatamente.

SOPA DE AJO

Si tú también eres del equipo a favor de las sopas cuando llega el frío, esta receta es para ti. Aun a día de hoy, recuerdo perfectamente el olor de esta sopa que me preparaba mi abuela cuando dormía en su casa. Una cena fácil y digna de que aprendas a hacerla.

Ingredientes

4

aceite de oliva virgen extra
5 dientes de ajo
jamón ibérico al gusto
1 rebanada de pan tostado o pan seco por persona
1 cda. de pimentón de la Vera
sal
4 huevos
agua caliente

Elaboración

1. En una olla caliente con aceite de oliva virgen extra añadimos los ajos laminados y los doramos, pero sin pasarnos, ya que podría amargar la sopa.
2. Añadimos el jamón ibérico y lo doramos; seguidamente añadimos el pan laminado junto con el pimentón.
3. La idea es dorar el pan y que vaya cogiendo el sabor de todos los ingredientes. Rectificamos de sal.
4. Añadimos el agua caliente hasta la mitad y dejamos que cueza unos 10 minutos.
5. Pasado ese tiempo, apagamos el fuego, rompemos los huevos en la sopa (se harán con el calor residual), removemos y ya estará lista para disfrutar.

SEGUNDOS QUE CONQUISTAN

CARNE MECHADA DE MAMÁ

De todas las recetas, esta es de las más fáciles de hacer y apta para cualquier persona, incluso si no tiene especial interés en la cocina. Y, además, triunfarás allá donde la lleves.

Ingredientes 5

1 kg de lomo de cerdo (limpio sin grasa)
sal
pimienta negra
1 cabeza de ajos
aceite de oliva virgen extra
220 ml de mostaza
220 ml de kétchup
1 litro de leche
1 cdta. de maizena

Elaboración

1. Salpimentamos el lomo mientras en una olla exprés doramos los ajos enteros y pelados con un poco de aceite de oliva virgen extra.
2. Reservamos los ajos y doramos el lomo por ambas partes. Una vez dorado, añadimos de nuevo los ajos, así como la mostaza y el kétchup.
3. Agregamos la leche hasta cubrir al menos dos dedos por encima del lomo, cerramos la olla y programamos 15 minutos. Sin duda, mi recomendación es hacer esta receta en olla exprés, pero si no tienes y la haces en olla normal, serán 30 minutos.
4. Pasado este tiempo, sacamos el lomo y lo cortamos muy fino a cuchillo o con un cortafiambres.
5. Para la salsa, simplemente tenemos que batir el líquido que haya en la olla con los ajos y, si queda muy líquida, disolvemos la maizena en agua, la añadimos y espesamos a fuego lento.
6. Servimos con la salsa muy caliente y disfrutamos acompañando el plato de patatas fritas o patatas baby al horno.

RABO DE TORO CORDOBÉS

El rabo de toro es un guiso de mi tierra, pero como cada cual lo hace a su manera, yo te voy a enseñar una receta fácil, pero con un toque especial y, sobre todo, poco usual en las recetas que más se conocen.

Ingredientes

5

2 kg de rabo de toro
sal
pimienta
harina
aceite de oliva virgen extra
1 cebolla
1 puerro
1 zanahoria
1 pimiento rojo
3 tomates
1 botella de vino blanco (de calidad)
500 ml de caldo de carne
pimienta negra en grano
1 clavo de olor
laurel
1 onza de chocolate negro puro

Elaboración

1. Comenzamos salpimentando y enharinando el rabo de toro. Lo sellamos a fuego fuerte en una olla; esto dará gran parte de sabor al guiso.
2. Una vez sellado por todos los lados, retiramos y reservamos.
3. Cortamos todas las verduras, salvo los tomates, y las pochamos en la misma olla a fuego medio, durante unos 10-12 minutos.
4. Pasado ese tiempo, añadimos los tomates pelados y troceados a la olla y los pochamos otros 10 minutos. Podemos sustituirlo por un bote de tomate triturado natural, si es más cómodo para ti.
5. Una vez tengamos un buen sofrito, añadimos el rabo de toro sellado y vertemos la botella de vino entera. Dejamos que se evapore el alcohol durante unos 10 minutos.

6. Ahora cubrimos con el caldo de carne y le añadimos las especias al gusto. A mí me gusta ponerle pimienta, clavo y laurel (por eso los he indicado como ingredientes), pero el tomillo y el romero le van genial también. Dejamos cocinar a fuego lento 3 o 4 horas, y si usamos olla rápida, el tiempo será de unos 45 minutos mínimo.
7. Una vez que el rabo de toro ya esté guisado, a mí me gusta sacar los trozos de carne y colar la salsa. Esa salsa la vamos a reducir un poco para que se concentre el sabor, teniéndola al fuego durante unos 20 minutos más. Pasado este tiempo, añadimos la onza de chocolate, que le aportará el toque final.
8. Servimos el rabo de toro con unas patatas panaderas o patatas fritas, y disfrutamos de un plato perfecto y con muchos años de historia.

CARRILLERAS EN SU JUGO

El de carrilleras es un guiso que tiene mucha versatilidad; las puedes comer directamente con unas patatas fritas o puedes deshilacharlas y elaborar unos panes bao de carrillera o una lasaña, o incluso unas croquetas. Y para preparar todo ello te voy a enseñar la receta base perfecta.

Ingredientes

4

6 carrilleras de cerdo o de ternera
sal
pimienta negra
harina de trigo
aceite de oliva virgen extra
1 cebolla grande
2 zanahorias medianas
1 puerro
200 g de tomate triturado
1 cda. de tomate concentrado
200 ml de vino tinto (de calidad)
500 ml de caldo de verduras
1 cda. de mantequilla

Elaboración

1. Salpimentamos las carrilleras y las pasamos por harina de trigo.
2. En una olla, añadimos aceite de oliva virgen extra y, a fuego fuerte, sellamos las carrilleras para que dejen una pequeña costra en el fondo.
3. Sacamos las carrilleras de la olla y pochamos y sofreímos las verduras picadas. Fíjate en cómo se separa el fondo de la olla; eso es lo que nos va a dar el sabor del guiso.
4. Añadimos el tomate triturado, el tomate concentrado y el vino tinto, y rehogamos bien para que los ingredientes se integren.
5. Incorporamos el caldo de verduras y cocinamos 45 minutos en la olla exprés (o 2-3 horas en olla normal).
6. Para glasear la salsa, separamos la carne y las verduras con la ayuda de un colador. Reducimos el caldo a fuego fuerte y aña-

dimos 1 cucharada de mantequilla para que el resultado sea una salsa brillante y espectacular.

7. Servimos las carrilleras bañadas en la salsa. Para acompañar, te recomiendo un puré de boniato con parmesano. Y, si no, ya sabes que unas patatas fritas a cubos son una guarnición que nunca falla.

POLLO ASADO SUPERJUGOSO

Antes de empezar esta receta, prepara unas buenas tijeras de cocina o un cuchillo bien afilado, pero ten mucho cuidado de no cortarte.

Ingredientes

4

1 pollo de corral	sal
aceite de oliva virgen extra	pimienta negra
romero	1 cabeza de ajos
150 g de mantequilla	1 cerveza

Elaboración

1. Colocamos el pollo con las pechugas boca abajo. Con unas tijeras hacemos unos cortes a ambos lados de la columna vertebral, la retiramos y la desechamos (puedes guardarla para un caldo). Luego, le damos la vuelta al pollo y lo abrimos en forma de mariposa.Esto es un truco que nos ayudará a que quede muy jugoso y con la piel crujiente.
2. Disponemos el pollo en forma de mariposa en una bandeja forrada con papel de horno, con las pechugas hacia arriba.
3. Añadimos aceite de oliva virgen extra, romero y la mantequilla en dados por encima, y sumamos la sal y la pimienta negra.
4. Machacamos unos ajos con la piel y los echamos tanto por encima como por debajo del pollo.
5. Regamos el pollo con cerveza y lo metemos al horno a 180 °C, precalentado previamente.
6. Horneamos con ventilación y calor arriba/abajo durante al menos 1 hora y media, regándolo con los jugos que vaya soltando.
7. Pasado ese tiempo, revisamos que el pollo esté tierno y crujiente; los muslos deberían poder partirse con las manos de la jugosidad.
8. Lo acompañamos con patatas fritas y ¡listo!

TERNERA GUISADA JUGOSA

Este es el guiso que mejor se le da a mi madre, además de ser la receta preferida de mi hermano. Y te aviso de que, cuando lo pruebes, quizá se convierta en la tuya.

Ingredientes 4

1 kg de carne de ternera en tacos para guisar
sal
pimienta negra
1 cda. de harina de trigo
aceite de oliva virgen extra
3 dientes de ajo
3 cebollas
2 zanahorias
1 hoja de laurel
tomillo o romero
1 vaso de vino blanco
2 vasos de agua

Elaboración

1. Salpimentamos la carne y la enharinamos.
2. Calentamos la olla a presión con aceite de oliva virgen extra y añadimos los trozos de carne para sellarlos y dejar todo su jugo en el fondo de la olla.
3. Una vez sellada la carne, la reservamos y, en la misma olla, añadimos los ajos, la cebolla picada y las zanahorias en rodajas.
4. Pochamos la cebolla hasta que quede transparente; luego añadimos la carne, la hoja de laurel y el tomillo, y removemos para que los ingredientes cojan sabor.
5. Añadimos el vino blanco y el agua, cerramos la olla a presión y calculamos 16 minutos de cocción (o 1 hora en olla normal).
6. Pasado este tiempo, comprobamos la cocción de la carne, que debería estar tierna. La servimos con patatas fritas o puré de patatas.

POLLO AL AJILLO

Si hay algo que vas a aprender de esta receta es que, una vez que aprendes a hacer la salsa al ajillo, te darás cuenta de que da igual el ingrediente principal que utilices, porque siempre estará espectacular.

Ingredientes

4

1 kg de pollo entero partido	zumo de 1 limón
sal	150 ml de vino blanco
pimienta	150 ml de vinagre de manzana
1 cabeza de ajos	500 ml de caldo de pollo
aceite de oliva virgen extra	1 hoja de laurel

Elaboración

1. Salpimentamos el pollo y aplastamos los dientes de ajo con la ayuda de un cuchillo.
2. En una sartén grande o una olla doramos los ajos con aceite de oliva virgen extra y añadimos el pollo hasta conseguir un color tostado en su piel. Entonces vertemos el zumo de limón.
3. Movemos el pollo y le damos la vuelta; seguidamente añadimos el vino blanco y el vinagre, y dejamos que vaya cogiendo textura un par de minutos a fuego lento.
4. Cuando veamos que la salsa se está reduciendo añadimos el caldo de pollo y la hoja de laurel, y dejamos cocer a fuego lento hasta que el caldo se evapore.
5. Una vez evaporado el caldo, servimos con patatas fritas o, más sano, una ensalada de lechuga, cebolla y tomate.

POLLO EN ESCABECHE

Un buen escabeche puede ser adictivo; además de su increíble sabor, es supersaludable y se conserva más tiempo en el frigorífico que otros guisos. Así que manos a la obra.

Ingredientes

4

1 pollo entero en trozos
sal
pimienta negra molida
100 ml de aceite de oliva virgen extra
2 cebollas
2 zanahorias
2 hojas de laurel
pimienta negra en grano
3 clavos de olor
tomillo y romero frescos
1 cabeza de ajos
75 ml de vinagre de Jerez
200 ml de agua
125 ml de vino blanco

Elaboración

1. Salpimentamos el pollo. En una cazuela a fuego medio ponemos el aceite de oliva virgen extra y, cuando esté caliente, incorporamos el pollo. Es importante que quede bien dorado y deje huella en el fondo.
2. Una vez listo, retiramos el pollo y añadimos la cebolla cortada en juliana, la zanahoria en rodajas, el laurel, unos granos de pimienta enteros, el clavo, el tomillo, el romero y la cabeza de ajos cortada por la mitad. Rehogamos todo a fuego medio, para que la cebolla coja sabor y quede blandita.
3. Cuando la cebolla esté transparente, añadimos las piezas del pollo con el jugo que haya soltado.
4. Agregamos el vinagre, el vino y el agua. Siempre cubriendo hasta la mitad de la olla; como se van a hacer a fuego lento y con la tapa entreabierta, se cocinan fenomenal.
5. Dejamos el guiso cociendo a fuego medio-alto hasta que esté en su punto. Para que tengas una orientación, un pollo

mediano suele tardar en hacerse en cazuela unos 45 minutos.

6. Pruébalo antes de terminar, por si tienes que rectificar de sal o de vinagre.
7. Consérvalo en un lugar fresco. Y, ojo, que si lo comes al día siguiente aún estará más rico.

PAVO RELLENO PARA OCASIONES ESPECIALES

No es muy usual comer este plato un día normal. Por eso, cuando tengo muchos comensales o invitados en casa, me apetece prepararlo, porque es sencillo para tantos comensales y queda un plato redondo y saciante.

Ingredientes

4

- 1 pechuga de pavo abierta
- sal
- pimienta negra
- 6 lonchas de beicon ahumado
- 100 g de orejones
- aceite de oliva virgen extra
- 5 dientes de ajo
- 1 cebolla grande
- 4 tomates de pera
- 200 g de ciruelas pasas
- 1 vaso de vino tinto
- 1 litro de caldo de carne o de verdura
- 1 cdta. de mantequilla
- Extra: malla para mechar (pídela en tu carnicería de confianza)

Elaboración

1. Rellenamos la pechuga. Para ello, colocamos plástico film en una superficie plana, esto nos ayudará a manipular mejor la pechuga, la ponemos encima abierta y la salpimentamos.
2. Después colocamos las lonchas de beicon por encima de la pechuga hasta cubrirla, y encima ponemos los orejones.
3. Ahora toca la parte que más concentración requiere, y es el momento de enrollarla. Has de hacerlo a lo largo con mucho cuidado, despacio y apretando bien, ayudándote del plástico film para dejarlo firme. Para meter la pechuga en la malla, te comparto un truco sencillo y eficaz: corta una botella de plástico por la mitad y quédate con la parte que incluye el cuello de la botella.

4. Colocamos la malla por fuera de la botella, que salga por donde el tapón, y por el otro lado metemos la pechuga enrollada (ya sin el plástico film). La botella te ayudará a que pases la malla por toda la longitud del rollo de carne.
5. Retiramos la botella y cerramos la malla, la llevamos a la olla a presión con un poco de aceite y doramos la pechuga por ambos lados.
6. Reservamos la pechuga y añadimos a la olla el ajo picado, la cebolla troceada, los tomates y las ciruelas. Pochamos a fuego lento y, cuando la cebolla esté transparente, añadimos la pechuga.
7. Desglasamos añadiendo el vino tinto primero y, pasados unos minutos, el caldo de carne o de verdura.
8. Cerramos la olla a presión y la ponemos a fuego alto durante 15-20 minutos, en el caso de hacerlo en olla normal será 35-40 minutos. Pasado ese tiempo, sacamos la pechuga, la dejamos templar y retiramos la malla.
9. Para elaborar la salsa, solo tenemos que triturar las verduras, las ponemos en un cazo a fuego medio y calentamos junto con una cucharadita de mantequilla para darle el color brillante.
10. Cortamos la pechuga con un cortafiambres o a cuchillo, y la servimos con la salsa muy caliente y un puré de patatas trufado.

ROASTBEEF

Esta receta la aprendí de una tía mía. Siempre me había gustado el roastbeef, pero de pequeño pensaba que era muy complicado por los tiempos y temperaturas. Sin embargo, desde que le cogí el truco me sale de morir, y a ti también desde hoy, ya lo verás.

Ingredientes

4

- 1,2 kg de lomo alto o solomillo de ternera
- 2 cdas. de aceite de oliva
- 2 cdas. de mostaza de Dijon o normal
- 2 dientes de ajo picados
- 1 cdta. de tomillo seco
- 1 cdta. de romero seco
- pimienta negra al gusto
- sal

Elaboración

1. Sacamos la carne de la nevera al menos 1 hora antes para que esté a temperatura ambiente.
2. Precalentamos el horno a 220 °C con calor arriba y abajo.
3. Secamos bien la carne con papel de cocina y la untamos con el aceite, la mostaza, el ajo, las hierbas, pimienta y sal.
4. Sellamos la carne en una sartén caliente durante 2-3 minutos por cada lado hasta que se forme una costra dorada.
5. Pasamos la carne a una bandeja de horno y la horneamos según el punto deseado. Los tiempos de cocción y el punto serían estos:
   - poco hecho (45 °C en el centro): 15-20 minutos
   - al punto (52 °C en el centro): 25-30 minutos
   - hecho (60 °C en el centro): 35-40 minutos
6. Retiramos del horno el roastbeef y lo dejamos reposar tapado con papel de aluminio durante 15 minutos antes de cortarlo, controlando el tiempo para que no se pase el punto de la carne.
7. Cortamos en láminas finas y servimos con unas patatas baby horneadas con mantequilla.

ALBÓNDIGAS SUECAS O DE IKEA

Cuando viví en Polonia de erasmus preparaba estas albóndigas a mis amigos, y han sido ellos quienes me han pedido que os enseñe a prepararlas, porque aún se acuerdan de lo ricas que estaban.

Ingredientes

4

50 g de pan rallado
100 ml de leche
400 g de carne picada de ternera
200 g de carne picada de cerdo
1 huevo
½ cebolla picada muy fina
½ cdta. de pimienta negra molida
½ cdta. de nuez moscada
sal al gusto1 cda. de mantequilla
1 cda. de aceite de oliva

Para la salsa:
1 cda. de harina de trigo
200 ml de caldo de carne
100 ml de nata para cocinar
1 cdta. de salsa de soja
1 cdta. de mostaza
sal y pimienta al gusto

Elaboración

1. Mezclamos el pan rallado con la leche y dejamos reposar 5 minutos.
2. Añadimos la carne picada, el huevo, la cebolla, la pimienta, la nuez moscada y la sal. Mezclamos bien hasta obtener una masa homogénea.
3. Formamos albóndigas aproximadamente del tamaño de una nuez y las dejamos reposar en la nevera 15 minutos.
4. Calentamos la mantequilla y el aceite en una sartén y doramos las albóndigas a fuego medio-alto durante 5-7 minutos, dándoles la vuelta para que se cocinen uniformemente. Las retiramos y reservamos.
5. En la misma sartén, añadimos la harina de la salsa y la cocinamos un minuto, removiendo.
6. Incorporamos el caldo de carne, la nata, la salsa de soja y la

mostaza, y salpimentamos al gusto; mezclamos bien y cocinamos a fuego medio hasta que la salsa espese.

7. Volvemos a añadir las albóndigas y cocinamos 5 minutos más a fuego lento.
8. Servimos calientes, acompañadas de puré de patatas y de mermelada de arándanos rojos. ¡Vas a alucinar!

CARNE CON TOMATE GUISADA DE PUEBLO

En Andalucía puedes encontrarte con este plato en muchas tabernas, y, de verdad, no me canso de hacerlo. Aquí te enseño a prepararlo para que tú también puedas disfrutarlo en casa.

Ingredientes 4

- aceite de oliva virgen extra
- 500 g de carne de cerdo (magro o aguja preferiblemente)
- sal y pimienta al gusto
- 1 cebolla grande
- 2 dientes de ajo
- 1 chorrito de vino blanco
- 500 g de tomate triturado (o tomates maduros rallados)
- 1 hoja de laurel
- 1 cdta. de azúcar (si el tomate está ácido)
- pimentón dulce o picante (opcional)

Elaboración

1. Calentamos aceite de oliva en una olla y doramos la carne salpimentada a fuego medio-alto. Cuando esté bien sellada, retiramos y reservamos.
2. Añadimos un poco más de aceite si es necesario, y sofreímos la cebolla y los ajos picados hasta que estén tiernos.
3. Agregamos el vino blanco y dejamos reducir un par de minutos.
4. Incorporamos el tomate triturado, el laurel, el azúcar y el pimentón. Cocinamos a fuego medio durante unos 10 minutos, removiendo de vez en cuando.
5. Devolvemos la carne a la cazuela, mezclamos bien y cocinamos a fuego bajo durante 30-40 minutos hasta que la carne esté tierna y la salsa haya espesado.
6. Servimos bien caliente con arroz, patatas fritas a cubos o un buen pan para mojar. Porque sí, vas a querer mojar la salsa.

LASAÑA DE PISTACHO Y MORTADELA

En un viaje al norte de Italia descubrí las muchas combinaciones que admite la lasaña, y probé una en la que todos los ingredientes encajaban a la perfección. Desde aquel viaje, se convirtió en la lasaña perfecta de mi vida.

Ingredientes

4

- 12 láminas de lasaña (pueden ser precocidas)
- 200 g de pistachos pelados (sin sal)
- 50 g de mantequilla
- 50 g de harina
- 500 ml de leche
- sal y pimienta al gusto
- 100 g de queso parmesano rallado
- 150 g de mortadela en lonchas finas

Elaboración

1. Cocemos las láminas de lasaña según las instrucciones del paquete. Si son precocidas, las sumergimos unos minutos en agua caliente. Escurrimos y reservamos.
2. Preparamos una salsa de pistacho. Para ello, empezamos triturando los pistachos en un procesador de alimentos hasta que queden bien finos (pero no tanto como si fuese polvo).
3. A continuación, elaboramos una bechamel. En una sartén grande, derretimos la mantequilla y añadimos la harina. Procedemos a cocinar a fuego medio, removiendo, durante unos 2 minutos para que no se formen grumos.
4. Añadimos la leche poco a poco, sin dejar de remover hasta que la mezcla se espese. Incorporamos los pistachos triturados y cocinamos a fuego bajo durante 5 minutos, probamos y ajustamos de sal y pimienta. Por último, añadimos la mitad del queso parmesano rallado.

5. Montamos la lasaña. En una fuente para horno, ponemos una capa de salsa de pistacho, luego las láminas de lasaña y, por encima, una capa de mortadela. Repetimos estas tres capas hasta terminar con los ingredientes.
6. Espolvoreamos el resto del parmesano por encima y horneamos a 180 °C durante 20 minutos o hasta que la lasaña esté dorada y burbujeante.
7. Servimos bien caliente, ¡y disfrutamos del toque cremoso y sabroso de esta lasaña!

TRUCO: puedes añadir un poco de albahaca fresca o espinacas entre las capas para darle un toque verde y fresco. El paladar te lo agradecerá.

CANELONES TRUFADOS

Si tienes una cena elegante en casa, te recomiendo que prepares esta maravilla, sabiendo que lleva su tiempo, pero también estando seguro de que tus invitados quedarán alucinados.

Ingredientes

4

Para el relleno:
1 cebolla
1 diente de ajo
aceite de oliva virgen extra
250 g de carne de ternera picada
sal y pimienta al gusto
50 ml de brandy o vino blanco
150 g de foie gras o micuit
1 cda. de trufa negra rallada o en pasta
12 placas de canelones

Para la bechamel trufada:
40 g de mantequilla
40 g de harina
500 ml de leche entera
1 cdta. de trufa negra rallada
sal, pimienta y nuez moscada al gusto
queso rallado (parmesano o gruyère)
un poco más de trufa rallada para el toque final

Elaboración

1. Sofreímos la cebolla y el ajo picados en una sartén con aceite de oliva hasta que estén tiernos.
2. Añadimos la carne picada, salpimentamos y cocinamos hasta que se haya dorado.
3. Vertemos el brandy, dejamos evaporar el alcohol y agregamos el foie. Removemos bien hasta integrarlo.
4. Incorporamos la trufa rallada, mezclamos y reservamos.
5. Hervimos las placas siguiendo las indicaciones del paquete, escurrimos y las extendemos sobre un paño limpio.
6. Rellenamos cada placa con la mezcla de carne y foie, enrollamos y colocamos en una fuente apta para horno.
7. Derretimos la mantequilla en un cazo, añadimos la harina y removemos 1-2 minutos.

8. Vertemos la leche caliente poco a poco, sin dejar de batir, hasta que espese.
9. Agregamos la trufa rallada, la sal, la pimienta y la nuez moscada.
10. Cubrimos los canelones con la bechamel, espolvoreamos queso rallado y horneamos a 200 °C hasta que estén dorados y burbujeantes (unos 15 minutos).
11. Servimos con un poco más de trufa rallada por encima y ¡a gozar!

COCIDO DE CASA ANDALUZ

Es *vox populi* que España es un país con muchísima cultura gastronómica, y, especialmente, de todo tipo de guisos, porque en cada región un mismo guiso se prepara de diferentes formas. En este caso, te enseño cómo hacer el cocido andaluz y que, a su vez, lo he aprendido de mi madre.

Ingredientes

4

- 250 g de garbanzos (puestos en remojo la noche anterior)
- 1 hueso de jamón
- 1 hueso blanco salado (opcional)
- 1 trozo de tocino fresco
- 200 g de carne de ternera (morcillo o jarrete)
- 1 cuarto trasero de pollo o gallina
- 2 litros de agua
- 1 patata grande
- 1 zanahoria
- 1 puerro
- 1 ramita de apio
- 1 chorizo
- 1 morcilla
- sal al gusto

Elaboración

1. En una olla grande, ponemos los garbanzos escurridos y remojados desde la noche anterior, los huesos, el tocino, la carne de ternera y el pollo (o gallina).
2. Cubrimos con agua y llevamos a ebullición. Iremos retirando la espuma que suba a la superficie durante la cocción, dado que esta espuma son las impurezas de los huesos y ensuciarán el sabor de nuestra preparación.
3. Una vez limpio, añadimos la patata, la zanahoria, el puerro y el apio.
4. Cocinamos a fuego lento unas 2 horas (o 40 minutos en olla exprés).
5. Cuando falten 30 minutos, añadiremos el chorizo y la morcilla.
6. Probamos el caldo y corregimos de sal si es necesario.

TRUCO: en casa la carne la tomamos con salmorejo como acompañamiento; es algo poco usual, lo sé, pero mi madre lo prepara así desde que nacimos y nos encanta el mix. Simplemente separa la carne y el resto lo comes de forma tradicional.

FLAMENQUÍN CORDOBÉS

Para nosotros, los cordobeses, el flamenquín forma parte de nuestros platos típicos y es además uno de los que más disfrutamos. Esta es la receta tradicional con la que no fallarás.

Ingredientes 4

8 filetes de lomo de cerdo
8 lonchas de jamón serrano
harina, huevo y pan rallado para el rebozado
aceite de oliva virgen extra para freír
sal y pimienta al gusto

Elaboración

1. Extendemos los filetes de lomo, los aplastamos un poco con un mazo o un rodillo y los salpimentamos; de este modo quedarán más finos y jugoso. Seguidamente los salpimentamos.
2. Colocamos una loncha de jamón serrano encima de cada filete.
3. Enrollamos cada filete sobre sí mismo, apretando bien para que queden compactos. Podemos ayudarnos de unos palillos para que no se abran.
4. Pasamos los flamenquines primero por la harina, luego por el huevo batido y, por último, por el pan rallado.
5. Calentamos abundante aceite en una sartén y freímos los flamenquines a fuego medio-alto hasta que estén dorados y crujientes.
6. Los sacamos y los dejamos sobre papel absorbente para eliminar el exceso de aceite.
7. Servimos con alioli o mayonesa y patatas fritas. Un manjar.

CALDO DE HUESOS

Este caldo es el elixir de los nutrientes y del colágeno. Además, te aportará todo lo que necesitas para tener vitalidad durante todo el día.

Ingredientes 4

- 2- 3 l de caldo
- 1 kg de huesos (de ternera, de pollo o de cerdo, y siempre mejor con el tuétano)
- agua (la suficiente para cubrir todo, 3-4 litros aprox.)
- 1 cda. de vinagre de manzana (ayuda a extraer los nutrientes de los huesos)
- 1 zanahoria
- 1 puerro
- 1 cebolla
- 2 dientes de ajo
- 1 rama de apio
- 2 hojas de laurel
- sal al gusto
- pimienta en grano

Elaboración

1. Si usamos huesos crudos, hemos de dorarlos primero en el horno a 200 °C durante 20-30 minutos. Con esto conseguiremos potenciar el sabor de forma exponencial.
2. En una olla grande, colocamos los huesos y cubrimos con agua fría. Añadimos el vinagre de manzana, dejamos reposar 20-30 minutos. Añadimos las verduras troceadas, el laurel, la sal y la pimienta en grano.
3. Llevamos a ebullición y, cuando empiece a hervir, retiramos la espuma que se forma en la superfici4.
4. Bajamos el fuego y dejamos cocinar a fuego lento. Si es de pollo, unas 6-8 horas; si es de ternera o de cerdo, el tiempo será entre 12 y 24 horas. En caso de que se reduzca la cantidad de líquido, puedes añadir más agu5.
5. Una vez pasadas esas horas, colamos el caldo y retiramos los huesos y las verduras. Dejamos enfriar y desgrasamos si es necesario.

CALDO SERRANO

Este caldo va a sacarte de algún que otro apuro, te lo aseguro. De hecho, en casa lo tenemos congelado y recurrimos a él para cenas rápidas de sopa con fideos.

Ingredientes

4

- 1 hueso de jamón ibérico (mejor si tiene algo de carne)
- 1 puerro
- 1 cebolla
- 1 zanahoria
- 2 dientes de ajo
- 2 hojas de laurel
- 1 puñado de pimienta en grano
- 3-4 litros de agua

Elaboración

1. Ponemos el hueso de jamón en una olla grande y cubrimos con el agua fría. Llevamos a ebullición y, cuando empiece a hervir, retiramos la espuma que se forma en la superficie.
2. Añadimos el puerro, la cebolla (con piel si queremos un color más intenso), la zanahoria, los ajos, el laurel y la pimienta en grano.
3. Bajamos el fuego y dejamos cocinando a fuego lento entre 2 y 3 horas, añadiendo agua si se reduce demasiado.
4. Colamos el caldo y retiramos los sólidos. Si vemos que queda mucha grasa, podemos dejarlo enfriar en la nevera y después retirar la grasa más fácilmente, casi en bloque.

NOTA: los usos que puedes darle son muchos: es perfecto para arroces, guisos, sopas o incluso para tomar solo con un chorrito de Jerez. Si descubres algún otro uso, me lo cuentas.

GARBANZOS CON LANGOSTINOS Y SEPIA

Quizá así como título suene muy elaborado, pero te equivocas, porque se trata de un guiso que se prepara en 15 minutos y es de esos que te sacan de apuros y con los que quedas genial si tienes invitados.

Ingredientes 4

300 g de garbanzos cocidos de bote
1 cebolla pequeña
2 dientes de ajo
aceite de oliva virgen extra
200 g de tomate frito
1 cdta. de pimentón dulce
2 trozos de sepia (unos 200 g)
500 ml de caldo de pescado
1 hoja de laurel
sal y pimienta al gusto
4-6 langostinos pelados
unas ramitas de perejil fresco (opcional para decorar)

Elaboración

1. Escurrimos bien los garbanzos y los reservamos.
2. En una cazuela, preparamos un sofrito básico y rápido con la cebolla y los ajos picados bien dorados.
3. Añadimos el tomate frito y el pimentón, agregamos los garbanzos y removemos para que se integren con la salsa.
4. En otra sartén, salteamos los trozos de sepia cortados pequeños con un poco de aceite de oliva hasta que estén dorados por los dos lados. Los añadimos a la cazuela de los garbanzos.
5. Incorporamos el caldo de pescado y la hoja de laurel, y dejamos cocinando a fuego medio unos 10 minutos.
6. Añadimos los langostinos pelados a la cazuela y cocinamos 3-4 minutos más hasta que estén rosados y bien cocidos.
7. Probamos el guiso y rectificamos de sal y pimienta al gusto.
8. Servimos caliente, decorado con un poco de perejil fresco picado.

LENTEJAS CON ALMEJAS

Si quieres llevar un punto más allá las lentejas de toda la vida, con esta receta lo conseguirás. Palabra de chef.

Ingredientes

4

500 g de almejas
aceite de oliva virgen extra
1 cebolla
2 dientes de ajo
1 pimiento verde
1 zanahoria
3 cdas. de tomate frito
1 cdta. de pimentón dulce
250 g de lentejas pardinas
1 hoja de laurel
caldo de pescado o agua (aprox. 1 litro)
1 chorro de vino blanco
sal y pimienta al gusto

Elaboración

1. Ponemos las almejas en agua con sal unos 30 minutos para que suelten la arena.
2. En una olla con un poco de aceite, sofreímos la cebolla, el ajo, el pimiento y la zanahoria (todo bien picado) hasta que las verduras estén tiernas. Añadimos el tomate frito y cocinamos unos minutos hasta que veamos que reduce.
3. Incorporamos el pimentón, removemos rápido y añadimos las lentejas y el laurel.
4. Cubrimos con caldo de pescado o agua y dejamos cocinar a fuego medio unos 30-40 minutos hasta que las lentejas estén tiernas.
5. En una sartén aparte, calentamos un chorro de vino blanco y añadimos las almejas. Tapamos y cocinamos hasta que se abran.
6. Incorporamos las almejas con su jugo a la olla de las lentejas, removemos y cocinamos 5 minutos más.
7. Probamos, rectificamos de sal y pimienta, y servimos bien caliente.

BACALAO AL PIL PIL EN CASA

Cuando escuchamos el nombre de este plato, creemos que solo podemos comerlo en restaurantes y nos viene a la cabeza la idea de que es muy complicado de hacer, pero te digo que puedes tenerlo listo en 20 minutos. Confía en mí. El origen de este plato se remonta a dos siglos atrás; surgió aprovechando ingredientes de conserva como el aceite de oliva virgen extra y los ajos.

Ingredientes 4

aceite de oliva virgen extra suave
una pizca de cayena
2 ajos
4 lomos de bacalao desalado (con la piel)
sal al gusto

Elaboración

1. En una olla, añadimos al menos dos dedos de aceite de oliva virgen extra, junto con la cayena y los ajos laminados.
2. Ponemos la olla a fuego medio para que los ajos se nos confiten y cojan color, pero nunca a una temperatura alta, porque quemaremos el aceite y los ajos.
3. Pasados unos minutos, cuando veamos que los ajos han cogido color, los apartamos y añadimos los lomos de bacalao con un toque de sal y siempre con la piel hacia arriba.
4. Continuando a fuego medio, iremos viendo cómo poco a poco van saliendo unas burbujas blancas (eso es la gelatina del bacalao).
5. Dejamos que vaya soltando la gelatina y a la vez dejamos que los lomos se vayan confitando.
6. Pasados 8-12 minutos, comprobamos la textura del bacalao; si se separan las lascas es que está en su punto perfecto de cocción. Ojo con dejarlo más, porque un bacalao seco le quita toda la gracia al plato.

7. Apartamos los lomos y, con la ayuda de un colador pequeño, hacemos enérgicos movimientos circulares de muñeca en el aceite hasta que veamos el cambio de textura y consigamos el pil pil perfecto.
8. Presentamos los lomos con la salsa y encima colocamos los ajos laminados que teníamos reservados.

BACALAO DORADO

Apenas tenía ocho años cuando probé este platazo portugués en Sintra, estando de viaje con la familia. Se me quedó grabado en la cabeza y con el tiempo aprendí a hacer la receta tradicional, que es la que voy a compartirte.

Ingredientes

4

400 g de bacalao desalado
3 patatas medianas
aceite de oliva virgen extra
1 cebolla grande
2 dientes de ajo
3 huevos
sal y pimienta al gusto
un puñado de aceitunas negras
perejil fresco para decorar

Elaboración

1. Desmigamos el bacalao y lo secamos bien con papel de cocina.
2. Pelamos las patatas y las cortamos en tiras finas, tipo paja.
3. Freímos las patatas en abundante aceite caliente hasta que estén doradas y crujientes. Escurrimos sobre papel absorbente y reservamos.
4. En una sartén amplia con un poco de aceite de oliva, pochamos la cebolla cortada en juliana, junto con los ajos picados, hasta que estén tiernos.
5. Añadimos el bacalao y cocinamos a fuego medio durante 2-3 minutos, removiendo bien.
6. Incorporamos las patatas fritas y mezclamos todo.
7. Batimos los huevos y los añadimos sobre la mezcla, removiendo suavemente hasta que los huevos cuajen, pero prestando atención a que no se sequen demasiado. Salpimentamos al gusto.
8. Servimos inmediatamente, decorando con aceitunas negras y perejil fresco.

CALAMARES EN SU TINTA CON ARROZ BLANCO Y TORTILLA FRANCESA

Para disfrutar de unos calamares en su tinta, nada mejor que acompañarlos con una tortilla francesa y arroz blanco. Así nos los preparaba mi abuela desde que éramos pequeños y lo comparto porque me parece que se sale del típico acompañamiento.

Ingredientes

4

1 kg de calamares (frescos o congelados)
2 cebollas medianas
2 dientes de ajo
aceite de oliva virgen extra
200 g de tomate frito
1 vaso de vino blanco
1 bolsita de tinta de calamar (o tinta en frasco)
500 ml de caldo de pescado
1 hoja de laurel
sal y pimienta al gusto

Elaboración

1. Limpiamos y cortamos los calamares en anillas. Si son frescos, reservamos las bolsitas de tinta.
2. Sofreímos las cebollas y los ajos picados en una cazuela con un chorro de aceite de oliva hasta que estén tiernos y transparentes.
3. Añadimos el tomate frito y cocinamos a fuego medio durante unos 10 minutos, removiendo de vez en cuando.
4. Incorporamos los calamares a la cazuela y los salteamos durante unos 5-7 minutos hasta que cambien de color.
5. Vertemos el vino blanco y dejamos que se evapore el alcohol durante unos 2 minutos.
6. Agregamos la bolsita de tinta de calamar y la mezclamos bien con el tomate. Si usas tinta en frasco, añade una cucharadita.

7. Añadimos el caldo de pescado y la hoja de laurel, removemos todo bien y dejamos cocinar a fuego medio durante 30-40 minutos hasta que los calamares estén tiernos y la salsa se haya espesado.
8. Probamos y ajustamos la sal y pimienta al gusto.
9. Servimos caliente, acompañado de tortilla francesa y de arroz blanco.

SALMÓN A LA NARANJA

Esta receta además de ser fácil, se hizo viral en mi Instragram con 17 millones de reproducciones, y esta claro que es por lo rápida que es y lo espectacular que está.

Ingredientes 2

zumo de 2 naranjas
1 cda. de miel
1 cda. de salsa de soja
1 diente de ajo picado
1 ramita de romero o tomillo
sal y pimienta al gusto
2 filetes de salmón
aceite de oliva virgen extra

Elaboración

1. En una sartén, calentamos los cinco primeros ingredientes y los cocinamos unos 5-7 minutos hasta que adquieran una consistencia de salsa. Rectificamos de sal y pimienta y reservamos.
2. Salpimentamos los filetes de salmón y los cocinamos en una sartén grande con un poco de aceite de oliva virgen extra unos 3-4 minutos por cada lado hasta que queden dorados por fuera y jugosos por dentro.
3. Cuando el salmón esté listo, añadimos la salsa de naranja por encima y dejamos que se impregne durante 1-2 minutos más. También lo puedes hacer directamente con la salsa en la airfryer. En este caso, pon todos los ingredientes juntos y cocínalo 14 minutos a 180 °C.
4. Colocamos el salmón en los platos con la salsa por encima y decoramos con ralladura de naranja, el toque fresco ideal.

TRUCO: acompáñalo con una ensalada fresca o arroz basmati.

PASTINA, SOPA ITALIANA

Esta sopa fue todo un descubrimiento para mis cenas y, desde entonces, es casi un clásico, porque, además de ser fácil, es nutritiva y tiene un sabor que muy pocas sopas alcanzan en tan pocos minutos.

Ingredientes

4

- 200 g de estrellitas
- 1 litro de caldo de pollo o vegetal (puede ser de cubito)
- 1 zanahoria
- ½ cebolla
- 1 cda. de mantequilla
- 50 g de queso parmesano rallado
- sal y pimienta al gusto
- perejil fresco (opcional para decorar)

Elaboración

1. En una cacerola grande, hervimos el caldo de pollo o vegetal con las verduras. Cuando estén tiernas, las trituramos con la batidora de mano en el caldo hasta conseguir una textura homogénea.
2. Añadimos las estrellitas y cocinamos según las instrucciones del paquete (aproximadamente 5-7 minutos, dependiendo de la pasta que uses).
3. Añadimos la mantequilla a la sopa y mezclamos bien hasta que se derrita, creando una salsa cremosa.
4. Incorporamos el queso parmesano y removemos para que se mezcle bien con las estrellitas.
5. Ajustamos de sal y pimienta al gusto.
6. Servimos caliente, decorado con un poco de perejil fresco picado, si te gusta.

PASTA ALLA CARLOFORTINA

Esta receta que te invito a preparar me la enseñó un amigo italiano y, al parecer, es típica entre estudiantes, ya que es un plato de aprovechamiento de ingredientes que suelen utilizarse en la cocina italiana. Verás lo agradecida que es.

Ingredientes

4

300 g de pasta (idealmente espaguetis o rigatoni)
2 dientes de ajo
tomates cherry
100 ml de vino blanco
aceite de oliva virgen extra
200 g de atún en conserva
pesto verde de albahaca
sal y pimienta al gusto
queso parmesano rallado para servir

Elaboración

1. En una olla de agua con sal, cocinamos la pasta según las instrucciones del paquete hasta que esté al dente. La escurrimos y reservamos un chorrito del agua de cocción.
2. Mientras tanto, en una sartén doramos los ajos junto con los tomates cherry y el vino blanco hasta que la piel de los tomates esté arrugada.
3. Añadimos el atún y la salsa pesto.
4. Rectificamos de sal y pimienta, añadimos la pasta y también el agua de cocción que hemos reservado, y lo integramos con la salsa.
5. Servimos con queso parmesano rallado.

ESPAGUETIS CARBONARA DE CALABACÍN

La primera vez que me hablaron de esta receta me sorprendió, pero puedo decirte que a día de hoy es una de mis preferidas.

Ingredientes 2

2 calabacines grandes	40 g de queso pecorino o parmesano rallado
sal al gusto	pimienta negra recién molida para decorar
100 g de panceta o guanciale en dados	
2 yemas de huevo	

Elaboración

1. Lavamos los calabacines y los cortamos en tiras finas con un espiralizador o un pelador de verduras. Los dejamos escurrir con un poco de sal para que suelten el exceso de agua.
2. En un bol, mezclamos las yemas con el queso rallado y abundante pimienta negra.
3. En una sartén caliente, doramos la panceta a fuego medio hasta que quede crujiente. No hace falta añadir aceite porque soltará su propia grasa. Añadimos los espaguetis de calabacín y salteamos durante 2 minutos.
4. Retiramos del fuego y vertemos la mezcla de yema y queso, removiendo rápido y prestando mucha atención para que el calor de la sartén cocine ligeramente la salsa sin que se cuaje.
5. Espolvoreamos un poco más de queso y con pimienta negra.

TRUCO: Si queremos un toque más cremoso, podemos añadir una cucharada del agua que sueltan los calabacines al escurrirse; así pues, acuérdate de reservar un poco, por si acaso.

POSTRES PARA CORONARTE

Hay algo mágico en el postre: siempre aparece al final, cuando parece que ya no hace falta nada más, y, sin embargo, lo cambia todo. Es el broche de oro, el aplauso final, el gesto que convierte una comida en un recuerdo.

Esta sección está dedicada a esos postres que no pasan desapercibidos. Que no solo endulzan, que también nos sorprenden, nos emocionan y, a veces, nos salvan una noche. Son recetas que he preparado para cerrar cenas o comidas importantes, para levantar ánimos o simplemente para decir: «Aquí estoy y sé cómo acabar bien las cosas».

NATILLAS DE CHOCOLATE

En todas las despensas de nuestras abuelas hay un paquete de maizena. Esta receta se empezó a preparar gracias a ese producto. El resto de los ingredientes y cómo fusionarlos los tienes a continuación.

Ingredientes 6

500 ml de leche
100 g de chocolate negro (mínimo 50 % cacao)
2 yemas de huevo
50 g de azúcar
15 g de maizena (1 cda. colmada)
1 cdta. de esencia de vainilla (opcional)

Elaboración

1. En un cazo, calentamos la leche a fuego medio (no toda, reservamos un poco para diluir la maizena). Antes de que hierva, añadimos el chocolate troceado y removemos hasta que se derrita completamente.
2. En un bol, batimos las yemas con el azúcar hasta que la mezcla esté cremosa y añadimos la esencia de vainilla. Disolvemos la maizena en la leche fría reservada y la añadimos a la mezcla de yemas.
3. Vertemos un poco de la leche caliente sobre la mezcla de yemas para templarla, removemos y luego lo incorporamos todo al cazo con la leche y el chocolate.
4. Cocinamos a fuego bajo, removiendo constantemente con unas varillas, hasta que espese y tenga textura de natillas (unos 5-7 minutos). ¡Cuidado, no debe hervir!
5. Repartimos en cuencos, dejamos enfriar a temperatura ambiente y, pasado un rato, las metemos en la nevera al menos 2 horas antes de consumirlas.

TARTA DE QUESO CREMOSA

Que actualmente hay un boom de las tartas de queso es un hecho. En mi caso, recuerdo perfectamente mi primer contacto con este postre: yo era pequeño y estábamos de viaje familiar en San Sebastián. Allí probé la mejor tarta de queso que existe, «La Viña», y me enamoré. Aquí te comparto mi versión.

Ingredientes **10/molde de 20 cm aprox.**

600 g de queso crema (tipo Philadelphia)
200 g de azúcar
4 huevos
250 ml de nata para cocinar
1 cda. de maizena
5 paquetes de galletas dinosaurio (opcional para la base)

Elaboración

1. Precalentamos el horno a 200 °C con calor uniforme arriba y abajo.
2. Forramos un molde desmontable de 20 cm con papel de horno (dejándolo arrugado para que nuestra tarta tenga ese acabado rústico).
3. En un bol grande, juntamos el queso crema con el azúcar hasta que la mezcla quede cremosa. Añadimos los huevos de uno en uno, batiendo suavemente.
4. Agregamos la nata líquida y mezclamos bien.
5. Tamizamos la maizena y la incorporamos sin batir demasiado, porque queremos obtener una textura suave y sedosa.
6. Vertemos la mezcla en el molde y horneamos a 200 °C durante 40-45 minutos. La tarta debe quedar dorada por encima pero aún temblona en el centro.
7. Si quieres preparar una base de galleta, este es el momento de desmenuzarlas y preparar el sustrato.

8. Dejamos enfriar a temperatura ambiente y luego la metemos en la nevera al menos 4 horas.
9. Como consejo adicional, te diré que queda incluso mejor de un día para otro.

TIRAMISÚ DE PISTACHO

Este es un postre que no deja indiferente a quien lo prueba. Lo aprendí en un viaje a Italia y, cuando lo hagas, entenderás por qué me enamoré de él.

Ingredientes

6

100 g de pistachos pelados (mejor sin sal)
200 ml de nata para montar (con un 35 % de MG)
100 g de azúcar
2 yemas de huevo
1 cdta. de esencia de vainilla
250 g de mascarpone
1 taza de café expreso (enfriado)
1 paquete de bizcochos de soletilla (aproximadamente 24 unidades)
cacao en polvo para decorar
pistachos picados para decorar (opcional)

Elaboración

1. Ponemos los pistachos en un procesador de alimentos y los trituramos bien hasta que se haga una pasta suave. Si la mezcla está un poco espesa, puedes añadir un chorrito de agua o aceite de pistacho para aligerarla.
2. En un bol grande, batimos la nata con 50 g de azúcar hasta que esté bien firme y forme picos. Este paso es clave para que el tiramisú quede cremoso, así que no escatimes en batir. Paciencia, brío y alegría.
3. En otro bol, batimos las yemas con el azúcar restante (los 50 g), y también incorporamos la esencia de vainilla. Batiremos hasta que todo adquiera un aspecto cremoso y suave.
4. A continuación, añadimos a esta mezcla el mascarpone y seguimos batiendo hasta que se integre todo bien.
5. Agregamos la pasta de pistacho que hemos preparado antes a la mezcla de mascarpone y seguimos batiendo hasta que todo se mezcle perfectamente.

6. Ahora, con mucho cuidado, incorporamos la nata montada a la mezcla de mascarpone con movimientos envolventes. Queremos que quede bien aireado.
7. Mojamos los bizcochos de soletilla en el café enfriado, asegurándonos de que no se empapen demasiado. Colocamos una capa de estos bizcochos en el fondo de un recipiente.
8. Cubrimos los bizcochos con una capa generosa de la crema de pistacho.
9. Repetimos el proceso con otra capa de bizcochos mojados y terminaremos con más crema de pistacho.
10. Es el momento de meter el tiramisú en la nevera y dejar que repose unas 4 horas. Si puedes aguantar, lo ideal es dejarlo toda la noche para que los sabores se mezclen y sedimenten bien.
11. Antes de servir, espolvorea un poco de cacao en polvo por encima y, si quieres, añade pistachos picados para darle un toque extra. Ahí ya te coronas.

CREMOSO DE CHOCOLATE NEGRO

¿Recuerdas cuando de pequeño te daban para merendar el típico bocadillo con chocolate o crema de cacao? Pues este postre va a trasladarte a tu infancia y a ese momento, pero con un toque especial.

Ingredientes

6

- 200 g de chocolate negro (70 % de cacao preferentemente)
- 200 ml de nata líquida para montar (35 % de MG)
- 50 g de azúcar
- 2 yemas de huevo
- 1 cdta. de esencia de vainilla (opcional)
- 30 g de mantequilla
- sal Maldon al gusto (opcional)
- un hilo de aceite de oliva virgen extra

Elaboración

1. Troceamos el chocolate en pedazos pequeños para que se derrita más fácilmente. Reservamos.
2. En una cacerola, calentamos la nata a fuego medio. No dejes que hierva, solo calentamos hasta que esté a punto de hervir, justo antes de que empiece a burbujear.
3. Mientras tanto, batimos las yemas de huevo con el azúcar hasta obtener una mezcla suave y cremosa. No es necesario que monte, solo que se integren bien.
4. Una vez que la nata esté caliente, añadimos un poco de nata caliente a las yemas batidas poco a poco (esto se llama «temperar» y la finalidad es evitar que se cocinen). Removemos bien para que se mezcle.
5. Vertemos la mezcla de yemas y nata en la cacerola y cocinamos a fuego bajo, removiendo constantemente hasta que espese ligeramente. No dejes que hierva para que no se corte.

6. Cuando la mezcla esté lista, añadimos el chocolate troceado, la esencia de vainilla (si la usas) y la mantequilla. Removemos hasta que todo se derrita y se mezcle perfectamente, consiguiendo una crema suave y brillante.
7. Incorporamos el cremoso de chocolate a una fuente. Dejamos que se enfríe a temperatura ambiente y luego enfriamos durante al menos 2 horas en la nevera para que se asiente y se ponga más firme.
8. Servimos esta crema con una cuchara y pan tostado para untar. Si quieres darle un toque especial, le añadimos a la tostada por encima un poquito de aceite de oliva virgen extra y sal Maldon.

TARTA DE LA ABUELA DE LIMÓN Y GALLETAS

Si no eres goloso, esta es tu tarta. La descubrí siendo pequeño y la preparo cuando a alguno de mis invitados no le gusta lo dulce. ¿El truco? Que, gracias al limón, todos los ingredientes se compensan y el resultado queda increíble.

Ingredientes

8

200 g de galletas tipo maría
100 g de mantequilla derretida
250 ml de leche condensada
3 limones (zumo y ralladura)
200 ml de nata para montar (35 % de MG)
1 sobre de gelatina neutra
50 ml de agua caliente

Elaboración

1. Trituramos las galletas hasta que queden como arena (puedes usar un procesador o meterlas en una bolsa limpia y aplastarlas con un rodillo).
2. Mezclamos las galletas trituradas con la mantequilla derretida hasta que quede una masa homogénea.
3. Extendemos la mezcla en la base de un molde desmontable, presionamos bien y metemos en la nevera mientras seguimos con la crema.
4. En un bol grande, mezclamos la leche condensada con la nata.
5. Rallamos los limones, exprimimos su zumo y lo añadimos a la mezcla. Removemos bien hasta que espese un poco.
6. En un vaso, disolvemos la gelatina en el agua caliente. Removemos hasta que no queden grumos.
7. Vertemos la gelatina en la crema de limón y mezclamos bien.

8. Sacamos el molde con la base de galletas de la nevera y vertemos la crema de limón encima.
9. Alisamos la superficie con una espátula y volvemos a refrigerar.
10. Dejamos la tarta en la nevera al menos 4 horas, pero, si puedes, mejor de un día para otro.
11. Antes de servir, decoramos con ralladura de limón o unas rodajas finas de limón.

MOUSSE DE GALLETAS MARÍA

Este postre, tan simple y a la vez tan increíble, también es un viaje a la infancia. Es curiosa la cantidad de recuerdos que evoca ese sabor a galletas María Vamos allá.

Ingredientes

4-6

- 4 hojas de gelatina (o 7 g de gelatina en polvo)
- 150 g de galletas María
- 200 ml de leche
- 1 cdta. de esencia de vainilla
- 2 yemas de huevo
- 50 g de azúcar
- 250 ml de nata para montar (35 % de MG)
- 1 pizca de sal
- galletas trituradas para decorar (opcional)

Elaboración

1. Si usas hojas de gelatina, las hidratamos en un bol con agua fría unos 5 minutos. Si optas por gelatina en polvo, la mezclamos con 3 cucharadas de agua fría y dejamos reposar.
2. Trituramos las galletas hasta que queden como polvo.
3. En un cazo, calentamos la leche con la esencia de vainilla.
4. En un bol, batimos las yemas con el azúcar hasta que se integren bien.
5. Cuando la leche esté caliente (pero sin llegar a hervir), la vertemos poco a poco sobre la mezcla de yemas, removiendo constantemente.
6. Volvemos a poner todo en el cazo a fuego bajo y cocinamos hasta que espese ligeramente, sin dejar de remover.
7. Retiramos del fuego y añadimos la gelatina escurrida (o la gelatina en polvo ya hidratada). Mezclamos bien hasta que se disuelva perfectamente.
8. Incorporamos las galletas trituradas y mezclamos hasta obtener una crema homogénea.

9. En otro bol, montamos las claras con una pizca de sal hasta que forme picos suaves.
10. Cuando la mezcla de galleta esté templada, incorporamos la nata con movimientos envolventes para que quede aireado.
11. Repartimos la mousse en vasitos y la llevamos a la nevera al menos 4 horas, para que tome consistencia.
12. Antes de servir, decoramos con galleta María triturada o una galleta entera.

TORRIJA DE ENSAIMADA CON NATILLA Y TOFFEE

Seguramente no hayas probado nunca una torrija de ensaimada. Y mucho menos, con una base de caramelo toffee, pero siempre hay una primera vez para descubrirlo.

Ingredientes

4

Para las torrijas:
250 ml de leche
1 rama de canela
la piel de 1 naranja (sin la parte blanca)
50 g de azúcar
4 rebanadas de pan brioche (o pan del día anterior)
1 huevo
mantequilla para dorar

Para la salsa toffee:
100 g de azúcar
50 g de mantequilla
100 ml de nata líquida (35 % de MG)
1 pizca de sal

Elaboración

1. Calentamos la leche con la rama de canela, la piel de naranja y el azúcar. Cuando empiece a hervir, apagamos el fuego y dejamos reposar unos minutos para que coja sabor.
2. Colamos la leche y la vertemos en un bol.
3. Sumergimos las rebanadas de pan brioche en la leche infusionada hasta que se empapen bien (ten cuidado de que no se rompan).
4. Batimos el huevo en un plato.
5. Pasamos cada torrija por el huevo batido y las doramos en una sartén con un poco de mantequilla a fuego medio hasta que queden bien caramelizadas por fuera.
6. En un cazo a fuego medio, derretimos el azúcar de la salsa toffee hasta que adquiera un color dorado.

7. Añadimos la mantequilla y removemos bien. Incorporamos la nata poco a poco, sin dejar de remover, hasta que la salsa se vuelva cremosa.
8. Agregamos una pizca de sal y seguimos mezclando.
9. Extendemos una base de salsa toffee en el plato.
10. Colocamos la torrija encima y, si quieres, puedes añadir más toffee como toque final.

TRUCO: puedes acompañarlas con helado de vainilla, almendras tostadas o incluso un poco de nata montada.

ROSCÓN DE REYES

Seguramente tengas la costumbre de comprar el roscón ya preparado, pues nunca te has parado a hacerlo en casa, pero cuando te animes una vez no volverás a comprarlo más porque su sabor y su textura son inigualables. Y porque, oye, comer algo que ha hecho uno mismo, para ti mismo, tu familia o amigos, siempre suma.

Ingredientes

8

Para la masa:
100 ml de leche templada
25 g de levadura fresca (u 8 g de levadura seca de panadero)
100 g de azúcar
2 huevos
ralladura de 1 naranja y 1 limón
1 cdta. de esencia de azahar
1 pizca de sal
400 g de harina de fuerza
80 g de mantequilla a temperatura ambiente

Para decorar:
1 huevo (batido, para pintar)
azúcar humedecido (mezcla azúcar con unas gotas de agua)
almendras laminadas
frutas escarchadas

Elaboración

Preparamos la masa:

1. En un bol grande, mezclamos la leche templada con la levadura hasta que se disuelva.
2. Añadimos el azúcar, los huevos, la ralladura de naranja y limón, la esencia de azahar y una pizca de sal. Mezclamos bien.
3. Incorporamos la harina poco a poco y comenzamos a amasarla.
4. Amasamos y dejamos reposar:
5. Cuando la masa empiece a formarse, agregamos la mantequilla en trocitos y seguimos amasando unos 10-15 minutos hasta que quede elástica y suave.

6. Formamos una bola, la colocamos en un bol engrasado, la tapamos con un paño y la dejamos reposar en un lugar cálido (por ejemplo, el horno apagado) hasta que doble su tamaño (aproximadamente 1 hora y media).

Damos forma al roscón:

7. Pasado el tiempo de reposo, desgasificamos la masa. Esto quiere decir que hemos de amasar un poco más para quitar el posible aire.
8. Formamos una bola y hacemos un agujero en el centro con las manos. Estiramos con cuidado hasta darle forma de roscón.
9. Lo colocamos en una bandeja con papel de horno y lo dejamos reposar 30-45 minutos más.

Decoramos y horneamos:

1. Precalentamos el horno a 180 °C.
2. Pincelamos el roscón con el huevo batido y decoramos con el azúcar humedecido, las frutas escarchadas y las almendras laminadas.
3. Horneamos durante 20-25 minutos hasta que esté dorado. Si vemos que se dora demasiado rápido, podemos cubrirlo con papel de aluminio para que siga cocinándose sin que afecte a la capa más externa.

TRUCO: cuando esté frío, podemos cortarlo por la mitad y rellenarlo con nata montada, crema pastelera o trufa, pero un buen roscón también está riquísimo tal cual, sin relleno. ¡Y no olvides esconder la sorpresa dentro!

ROSCOS DE MATILDE

Como ya sabes, desde muy pequeño aprendí a cocinar y, en concreto, esta receta de rosquillas fue una de las primeras. Me la enseñó una tía abuela de mi padre y en casa la hemos preparado siempre.

Ingredientes **16/18 roscos**

2 huevos
100 g de azúcar
100 ml de leche
100 ml de aceite de oliva suave
1 chorrito generoso de anís
ralladura de 1 limón
500 g de harina
1 sobre de levadura química (polvos de hornear)
aceite para freír
azúcar y canela para rebozar

Elaboración

1. Batimos en un bol los huevos con el azúcar hasta que espumen un poco. Añadimos la leche, el aceite, el anís y la ralladura de limón.
2. Tamizamos la harina junto con la levadura y la incorporamos poco a poco, mezclando hasta obtener una masa manejable. Si vemos que queda un poco pegajosa, añadimos un poco más de harina.
3. Dejamos reposar la masa unos 15 minutos, tapada con un paño.
4. Formamos los roscos: cogemos porciones de masa, hacemos bolitas y les damos forma de rosquilla con los dedos.
5. Freímos en abundante aceite caliente, dorándolos por ambos lados.
6. Escurrimos sobre papel absorbente y, cuando aún están calientes, los rebozamos en una mezcla de azúcar y canela.

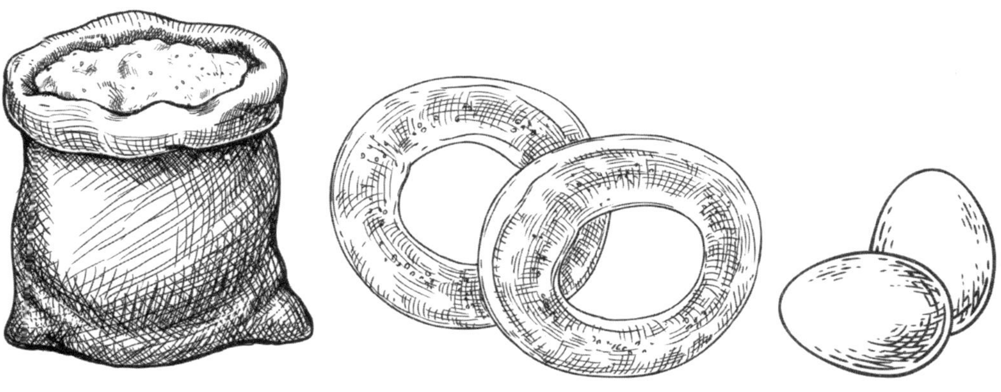

AGRADECIMIENTOS

Este libro no solo es un conjunto de recetas, sino un reflejo de todos los momentos vividos junto a las personas que han formado parte de mi historia.

A mi abuela, por enseñarme el verdadero sabor de la cocina, por su paciencia y amor, y por transmitir esa pasión que se refleja en cada uno de los platos que preparo.

A María, Teresa y Ana, por brindarme esta oportunidad, su visión y dedicación, y a Paloma, por capturar mi esencia con su cámara.

A mis padres, por la educación y los valores que me han enseñado a lo largo de mi vida, que me han ayudado a seguir luchando por mis sueños respetando y amando al prójimo.

A mis hermanos, por darme el cariño y el apoyo que necesitaba en cada momento.

A vosotros, los lectores, por abrir vuestros corazones y vuestras cocinas a las historias y recetas que comparto, y a mis seguidores. Sin los unos este libro no habría sido posible y sin los otros, tampoco lo habría sido mi historia.

Y, por último, gracias a Dios por estar ahí cuidándome siempre.

Este libro
se terminó de imprimir
en octubre de 2025